YOUR FOUR-YEAR-OLD

——WILD AND WONDERFUL——

Published by arrangement with Delacorte Press,
an imprint of Dell Publishing,
a division of Bantam Doubleday Dell Publishing Group, Inc.,
New York, N.Y., 10103, U.S.A.
in association with
Bardon Far Eastern Agents, Ltd.

中文版授權 信誼基金出版社 出版發行

你的4歲孩子

狂野而美妙的年齡

Louise Bates Ames
Frances L. Ilg 原著 許麗玉 譯

信誼基金出版社

前言

「信誼基金會」成立於民國六十年九月，由永豐餘企業集團創始人何傳（字信誼）先生所捐資創立。由於有感於學前兒童教育的重要，以及我國相關研究資料的缺乏，風氣有待推進，乃於民國六十六年九月設立「學前教育研究發展中心」，希望藉此喚起國內人士對學前教育的關注、重視，建立學前教育的正確觀念。

民國八十三年二月起，「學前教育研究發展中心」擴展為「兒童教育研究發展中心」，希望擴大組織功能及服務對象——由學前兒童至學齡兒童，更期增進對社會之影響層面，並為我國兒童創造更大福祉。

我們深信：凡是有助於兒童身心發展及福祉的工作，都值得全力以赴。

自七十一年五月起，我們陸續將刊載於《學前教育月刊》上的專欄文章作有系統的整理和補充，結集為「學前教育叢書」。這一系列由國人創作的叢書，刻畫了我國學前教育史的一段軌跡。

同時，因為學前教育觀念的推廣和社會變遷對親職的挑戰，年輕一代的父母越加殷切地想扮演好「父母的角色」。從七十五年起，我們更積極開發屬於學前教育叢書的「翻譯系列」，引進優良的親職教育著作，介紹新的教育觀念。

我們常說：「愛他，就要瞭解他」。作父母的你，肯定是愛孩子的，但是，面對每一個階段變化多端的孩子，你瞭解他多少呢？俗語說：「知己知彼，百戰百勝」，為了幫助父母更瞭解孩子，我們特地精心挑選原著，翻譯出版《你的零歲孩子》～《你的青少年孩子》一系列從兒童到青少年發展叢書，希望這樣一系列專門針對孩子發展特質和能力來探討的書，能幫助所有愛孩子的父母，進一步去了解孩子、欣賞孩子。

信誼基金會兒童教育研究發展中心　謹誌

原作者序

「孩子在幾歲的時候，應該有怎樣的發展和行為呢？」

提供這一類的標準規範，有時令父母覺得安心，有時卻又令父母憂懼不安。不過，我們仍然發現，大部分的父母多少還是希望知道，孩子在某個年齡階段可以對他有什麼樣的期待。尤其當孩子正處於麻煩、困難的階段時，如果知道別的小孩也都如此，知道某些行為只是暫時性的，便會寬心不少。

吉塞爾兒童發展中心成立已有四十多年了，在阿諾·吉塞爾博士的指導之下，我們在耶魯大學從事兒童行為的觀察與研究。我們的研究對象包括了數以千計的小男孩和小女孩，而所有的研究都使我們相信，人類行為的發展事實上是有一定的模式可循的。因此，我們可以清楚地預測每一個階段中，孩子在動作、語言、社會行為和情緒發展等各方面的特色和表現。換句話說，我們可以很正確地預測百分之八十的孩子在發展上將經驗的歷程。

當然，每一個孩子都是獨一無二的，沒有一個孩子足以代表所有的孩子。因此，當我們告訴你說「四歲是狂野而美妙、五歲是開朗而愉悅、六歲又是另一回事」時，千萬不要誤會，以為任何一個小孩到了那個年齡，「就會」或是「就應該」恰如我們所描述的那個樣子。

有些小孩發展比我們所描述的快；有些小孩則發展得較慢；當然，也有很多小孩發展和我們所描述的不謀而合。除了發展上有快慢的不同外，連穩定性也有程度上的差異。有些小孩在每一個階段都適應得很好，很容易相處；有些小孩則不論父母多麼費心，卻總是問題多多。

有些孩子在各方面的發展都很平均，不論在動作、學習或語言各方面，發展都很一致，也許一起都慢了，也許都快了，或者是不疾也不徐。有些小孩的發展是混合型的，可能語言能力發展得快，動作方面卻落後許多。

在本書中，我們會一一描述孩子各種不同的發展，為了不讓讀者擔心，我們在此再強調一次：本書所描述的一切行為都是指一般而言，是概括式的，是我們研究過許許多多兒童後的歸納所得。也許，我們可以把本書比喻成一張地圖，提供你計畫旅行的參考，我們可以告訴你，路程的遠近、那個城市的情形，但無法告訴你，你的旅遊情形將如何。你也許比一般的遊客匆忙，疾駛而過；也許悠遊漫步；甚至可能開倒車也說不定。這一切絕非一張地圖所能道盡，地圖不過是指明了地理位置而已，不能告訴你走什麼路或該怎麼走。

不過，很多為人父母的也覺得我們所提供的「兒童行為發展圖」妙用無窮。因此，如果你喜歡，不妨參考我們所提供的圖，也許你也會像許多人一樣，覺得它有用。但是，千萬不要拿你的孩子的發展情形來和我們所描述的一般情況做比較，因而對小孩或我們研究的結果，產生不當的評價。

請記住，每一個小孩都是獨一無二的。我們希望這本書只是個指引，幫助你更進一步去了解、欣賞孩子的所作所為。

Louise Bates Ames

Frances L. Ilg

譯者序

信誼基金會前主編許月雲女士找我去談翻譯「你的一歲孩子～你的七歲孩子」時，我毫不猶豫地挑「你的四歲孩子」這本。原因一方面是，四歲兒童的典型特徵——活潑外向、熱情奔放、不守規矩、富想像力，深深地吸引了我；另一方面是，我最疼愛的小姪女正巧也是四歲。我當時心想，一邊翻譯，讓書中的知識帶領我開啟深切了解她的門扉，一邊也可回味與她共處的快樂時光，或可紓解一點寒燈走筆的寂聊。

果然不出所料，譯完這本書，我對四歲孩子的認識，頗有茅塞頓開之感。這本書抽絲剝繭、絲絲入扣地把一個四歲孩子的個性、特徵、能力、心智和人際關係等等，展現在我們眼前，使我們對於他的一言一行、一舉一動，在一夕之間，完全熟稔起來，彷彿我們跟他已經一起生活了一世紀（對不起，我好像感染到四歲孩子愛吹牛的特性了）。

尤其，本書並無教科書的生澀呆板，卻蘊含教科書上常見的真理灼知，十分難得。它以輕鬆自然的筆調，探討日常生活中的課題，像：吃飯、睡覺、穿衣、洗澡、尿床、遊戲和就學，甚至現代父母的困擾——性及離婚問題等。四歲兒童的問題，該有的大概都有了。

人不是一生下來就是成人，任誰都經歷過「四歲」這個階段，可悲的是，人的記憶有限，兒時的情景已杳如黃鶴，而對自我的了解又需要歲月長期的累積，使我們再也見不到自己四歲時的影子，無從認識四歲時的「自己」。可喜的是，有心人竭盡心力從事研究，把智慧的成果端給我們坐享，我們才能稍稍彌補生之遺憾，從了解兒童當中去捕捉自己幼時的樣子，讓自己在心靈上返老還童，再來「狂野」一次吧！

謹以此書獻給我鍾愛的小姪女嘉珍。

同時，我要謝謝我的先生這兩個月來，在家事方面為我代勞，我才能在上班之餘，仍有充裕的時間及精力，一格子、一格子地琢磨，如期交差。此外，更感謝信誼基金會給我這個機會，把一本有益於家長、老師，及喜愛兒童的人的好書翻譯出來，與社會大眾共享。誠盼由於它的問世，我們的四歲孩子不再是令人頭疼的小麻煩，相反地，我們會因了解與尊重而泰然處之，甚至樂於為伍。

許麗玉

民國七十六年一月

目錄

前言……5
原作者序……7
譯者序……11
第一章 四歲孩子的身心發展特質……21
■四歲——不安份守己的年齡
■四歲到五歲之間
■給父母的提醒
第二章 人際關係……35
■同齡玩伴
■兄弟姊妹
■幼兒園

第三章　與四歲孩子相處的技巧……47
■使生活愉快的十五個技巧
■給父母的提醒
第四章　能力表現……63
動作方面
視覺方面
協調適應方面
遊戲方面
閱讀方面
音樂與電視方面
飼養生物方面
與他人交談方面
語言方面

第五章　四歲孩子的慶生會……93
■成功之鑰
■節目安排
■費用
■注意事項
第六章　生活常規……105
■飲食
■睡眠
■大小便
■洗澡
■穿脫衣服
■情緒表現

■健康
第七章　心智能力……117
■時間概念
■空間概念
■數概念
■幽默感
■編說故事能力
■一般創造力
第八章　個別差異……139
■吃的方面
■睡眠方面
■人際關係
■情緒方面

■行為方面
■給父母的提醒
第九章 真實的故事……155
第十章 結　語……193
《附錄》適合四歲小孩的玩具……197

第一章　四歲孩子的身心發展特質

四歲兒童是個有趣的小傢伙。如果你能把他看成這樣子來接納他，你就會欣賞他，並且喜歡他這個樣子；如果你用嚴厲的眼光看他，認為他的吹牛、說髒話、罵人、喜歡往外跑、行為時常沒有分寸，這些都「不對」的話，那麼，你和他的日子都會有無謂的難過了。

四歲——不安分守己的年齡

我們發覺，這個年齡的孩子，無論男女，大多是快活的、精力充沛、活蹦亂跳、荒謬好笑、無拘無束，對什麼事都躍躍欲試。和三歲半那時，愛吵又愛鬧的情形相較之下，他的改變可是不小喔！現在，他經常話多了一點，也有點愛吹牛，有時還會有些跋扈，這些都是因為他開始進入表達自我的領域，新鮮加上過度興奮所致。

三歲半孩子的特徵是，對於大人所要求的事情，常常予以強烈的反抗，這也許是因為在他的心目中，大人還是全能的緣故。四歲孩子就不會這樣了，他似乎往前邁進了一大步，他發現大人雖然還是握有大權，但是並非全能；同時，他也發現自己很有力量。從他的觀點看來，「壞事」未嘗不可以做，屋頂不會因此而塌下來。

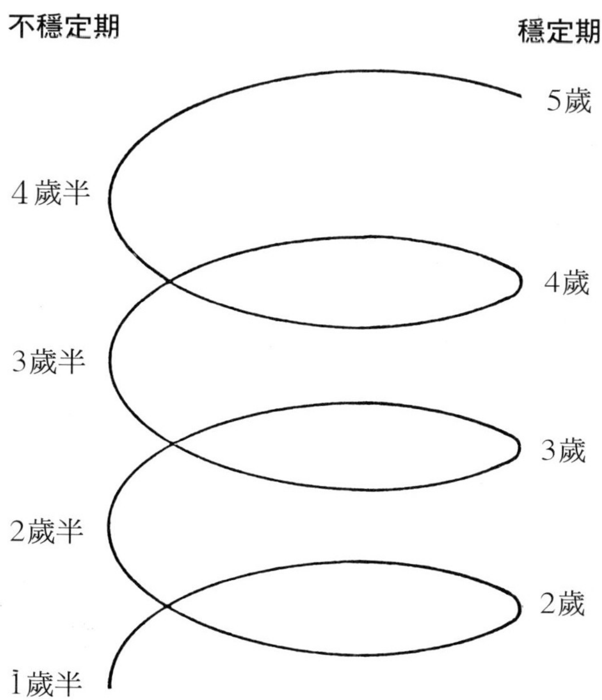

圖　一

穩定期與不穩定期交替出現

不僅這樣，造物主還按照一個似乎是固定的交織計畫，讓三歲半的孩子大部分時候都相當畏縮、沒有安全感，卻讓四歲孩子的生活呈現向外擴張，而且十分自信的一面。

情緒有它正向的一面，也有負向的一面。典型的四歲小孩喜愛冒險、喜愛遠足、喜愛刺激，他喜愛任何新鮮的事物，喜歡接觸不認識的人，喜愛到新的地方，喜歡新的遊戲、新的玩具、新的活動和新書。對於大人所提的娛樂點子，再沒有人比他們更有反應了。四歲孩子會毫無意見、興高采烈地接受你的提議，不管你出的是什麼點子。因此，給予這個年齡的孩子新的玩具、書本、衣服、經驗或訊息等，是一件快樂的事。因為，不論你給他那一樣，他的眼睛都會閃閃發亮。

四歲小孩雖然喜愛許多東西，但是，他的情緒卻也十分極端。他愛得多，恨得也不少（事實上，他的恨也許和他的愛一樣強烈）。沒有人敢肯定地說，到底是什麼事物引發他的恨意，但是，不論是什麼，在合理的範圍內，他的感受是應該受到充分尊重的。

四歲孩子對母親懷有極度強烈的感情，如果有什麼東西改變了眼中的母親，他就會對這個東西表示出特別強烈的恨意。他也許討厭母親戴某些珠寶；也許不喜歡母親改變髮型；或者，她臉上若有一種特殊表情告訴他，她不喜歡他，他可能特別討厭這種表情。

他也許討厭黃瓜（或任何他不喜歡吃的食物），或者，他可能討厭某些人。他尤其討厭他認為醜的東西，對於美的事物，他經常顯得十分敏感。

三歲小孩有一顆溫順的心，四歲小孩的心則是活潑的。任何新的想法和觀念，或者一點新消息，都能教他雀躍不已，這就是為什麼和他說話「很好玩」的緣故。他會不停地問你：「為什麼？」有時候，這種問話的確叫人厭煩透頂，不過，也有可能撩起大人給他訊息的熱勁，畢竟，和這麼熱切、想知道的人說話，實在是件賞心的樂事。

四歲兒的心理關鍵是，高度衝勁加上易變的想像力。四歲孩子實在是個千變萬化的小才子。他可以悶不吭聲，也可以喋喋不休；他可以冷靜，也可以武斷；可以像個急驚風，也可以像個慢郎中；可以接受暗示，也可以獨立思考；他會交際、運動、藝術、文學，也有想像力；他會跟別人合作，也會冷漠以對；他好問、直爽、幽默、霸道。他是集許多特質於一身的。

典型的四歲兒動作迅捷，他做每件事都很快，興趣轉移也很快，而且，一件事大多只做一次。他沒有興趣講求完美，只有興趣繼續做下一個活動。他的行動如此善變，因此，即使只做一個活動，這個活動也會變化很快，快得叫你昏頭轉向。

四歲兒變化多端的想像力，從他的繪畫中可以看出來。讓四歲的小孩自由繪畫，他會先畫一棵樹，然後，這棵樹會變成一間屋子，而屋子又變成一艘戰艦。甚至，他能把「他的腳」畫得很大，腳趾頭也很大，接著，腳趾頭變成一隻鳥的背部，然後又變成一輛遊樂用的汽車，後來還變成這輛車的背面。（這時，他很可能把那張紙可以畫的地方全都畫光了。）

除了畫畫，我們也能從其他的活動中，看出四歲兒的善變性。例如：兩個小男孩玩堆沙，起先，他們決定堆火山，可是，他們一想，如果火山倒塌了，可能太髒。於是，他們嘀咕了一會兒，決定放棄堆火山，轉而在沙中挖恐龍的骨頭。骨頭沒挖到，他們可能開始討論恐龍應該有幾歲（他們認為，九千歲），之後，他們又把沙想成麵粉，而開始做饅頭，可是，饅頭不好做，即使加點水，還是無法做得很緊密，於是，他們就把饅頭想成腐壞的蛋，並且說他們要談的最後一件東西，就是腐壞的蛋。（這一切的活動，在五分鐘之內就玩完了。）

無疑地，大人應當隨時準備配合四歲孩子的迅捷和善變。不過，四歲的小孩雖然善變，但他多少還保留了三歲時的「我也是」的特性，因此，如果你問某個孩子：「你住在那條街？」團體內的每個小孩，都會想告訴你，他住在那裏，而且每位小孩似乎都出奇地有耐心、有禮貌，能等你讓他們每個人都輪流答完這個有趣的問題。

四歲小孩喜歡向外擴張的特性，有時候連他自己也有點受不了，因此，他還是喜歡而且會尊重有限度的規範，但是，並不會常記心裏，得要你經常地提醒他才行。事實上，我們發現，許多四歲小孩非常喜歡「最遠到樹那裏」、「最遠到門那裏」這些口頭上的限制。甚至，如果你告訴他：「你應當做（或者不應當做）這個。」他就會很守這個規矩。

事實上，很多孩子很想找出發生在他周圍的事物當中，有那些規律和規定。因此，一個四歲的孩子也許會自下結論說：「那都是如此這般。」這個「都是」好像給了他安全感似的。他有時候也許不守某些規定，但是，他會想知道這規定是什麼。

此外，他往往也會讓自己自然而然地穩定下來（即使玩得正野的時候，也可以不例外）。因此，兩個男孩也許假裝在一個洞穴裏（一個大的厚紙箱），洞內還有一個大怪物，但是，他們接著會假裝那個怪物不見了，來保護自己，說他們「都平安無事」。

四歲小孩雖然老是想向外跑，也經常不守規矩，然而，如果他用心，還是滿可以信賴的。在他四歲半以前，很多孩子都能讓父母放心地准許他們到戶外去玩耍，而不必太去監視或察看。

然而，小孩都很想知道，在大人喊停以前，他到底能玩到那裏。這種需要如果和他喜歡向外擴張的習性結合，這個四歲孩子就會表現出這個年齡最大的特點——喜歡逾越範圍。

一個正常、有活力而又天賦良好的四歲孩子，幾乎在生活中的每個領域，都有「不守規矩」的表現。在動作方面，假如他被惹火了，他會又踢又打，又吐口水；如果事情不如他的意，他還可能離家出走。不論高興或不高興，他總是很容易衝動的。他在樓梯上跑上跑下；騎著他的三輪車到處跑。

在情緒方面，他也是極端不安分守己。事情討他高興時，他開懷大笑；事情不對勁時，他大哭大叫。不過，他笑的時候比哭的時候多，而且他喜歡看別人笑。事實上，他經常是一副傻兮兮的模樣。

不過，他最引人側目的，是語言表達上的誇大其辭。他經常誇口說：「和天空一樣高。」「十萬隻小蟲。」「和房子一樣大。」他也會吹牛說：「我家裏的更大。」「我能做得比那個好。」「我爸爸比你爸爸強壯。」除了吹牛，他還兼自吹自擂。男孩子會用他們認為十分男性化的名字，來彼此稱呼，而不用他們自己的本名，藉此強調自己的陽剛性。

對於大便的過程和自己的排泄物，四歲兒都很感興趣。小孩子對於大便這個動作特別著迷。出外散步時，他甚至能認出狗大便過的每一處地方。他的屁股對他尤其重要。如果你問他，他用什麼來思考，他甚至會指著臀部回答你。

罵人家「狗屎」，是在四歲時開始的。如果那個朋友得罪他，他可能會叫他「狗屎蛋」。其實，一般說來，孩子常將這類名詞和形容詞，用在他不接納的人身上，像「大便」和「小便」這類的話，他用得更是頻繁，他同時也經常提到「垃圾」。

這種對大便的注意，同時也可從他對浴室，尤其對別人家的浴室「很感興趣」中看出來。四歲兒一進屋子，就想看浴室。他雖然對浴室以及別人大便的動作極感興趣，他自己大便時，卻很怕別人看到，他甚至過分到要把浴室的門鎖上。（曾有許多四歲兒把自己鎖在浴室內。）

四歲兒也常開口閉口都是不堪入耳的話。「他媽的」是個常聽到的髒話，即使他不見得完全明白這句話所代表的含意。一個四歲的孩子在爬樓梯時，很可能每爬一階，就說一句：「王八蛋！」做父母的需要對自己的言行更加謹慎才行。

有個故事（假定它是真的）說，波士頓有個小女孩老喜歡說髒話。她媽媽在氣餒之餘就對她說，如果她再咒罵一遍，就要攆她出門。這個小女孩還是又罵了一遍，媽媽也真的就替她收拾了東西，連人一起趕出門外。過了幾分鐘，這位媽媽不忍心，出去找她的女兒。小女孩仍然坐在臺階上。

「我想，我跟你說過，給我出去！」媽媽說。

「我想，如果我知道他媽的去那裏，我早走了。」女兒回答說。

不論這個故事是真是假，它確實是太典型了。從另一方面來說，孩子如果不用真正的髒話，也會用一些幾近侮辱和威脅性的字眼來批評大人。例如：「你是隻臭老鼠。」「我要揍死你。」而且，用這些不好的字眼還嫌不過癮，四歲兒更是經常說些不實在的話，離譜的程度教任何一個頭腦不含糊的大人只能說他是個愛說謊的孩子。如果遇到這種情形，你不要生氣地訓誡他，要冷靜地對他說：「是這樣嗎？」或者眨眨眼睛表示你明白真相，這樣一來，他往往很快就會說出實話的。

四歲半到五歲之間

如果你想知道接下來會發生什麼事情，這裏就是要告訴你一些轉變時期——由四歲半進入五歲的趣事。

我們知道，典型的四歲女孩或男孩，往往活力充沛、熱情、外向，而又不守規矩。

但是，這個孩子在五歲時，極可能大半時候都是冷靜的、沈著的、木訥寡言、能克制自己的言行、有可塑性、守規矩、適應力好、容易相處，而且在從事較溫和的活動時，最快樂，也最自在。

他是怎麼從四歲的衝動變成五歲的沈著的？這種轉變到底是個什麼樣的過程？他是否在一天之內，突然忘了不久前那副精力充沛的樣子，而定下性來？或者說，這種轉變到底是不是原本就是漸進的呢？其實，這種改變往往是一點一滴逐漸形成的。孩子自己也都摸不清楚自己究竟是個四歲的頑童，還是個冷靜而沈默的五歲兒童？無論如何，這時候孩子的行為確實是非常難以預料的。

四歲半的孩子對於事物是否是「真的」，極有興趣，由這點可以看出他的不確定心理。如果讓他畫飛機，他可能附加上一條「真的」電線，這樣，「人家才能把它插進插頭」。「是真的嗎？」這個問句是他的口頭禪。

小孩子在四歲半的時候，往往比再小一點那個時候的他更為自動自發，而且也比以前更有耐性做同樣的一件事。這個年齡的孩子很有興趣收集新的訊息，同時，他也能把以前學會的技巧做得更加完美。他玩起來的時候，不會像四歲時那麼野，而且，也較能忍受挫折。但是，在情緒方面卻很難捉摸，總是一下子哭，一下子笑，變得很快。

這個階段的孩子也比他小點時執拗，不容易改變。有些四歲半的小孩真是固執，要什麼就非得堅持到底不可。事實上，這個年紀的小孩在受到阻礙時，會變得可厭、面目可憎。這時候想用幽默的方式讓他分心，可就沒有四歲時那麼容易了。

小孩在四歲半時，逐漸知道權威，而且，當父母責備他時，他的臉上會出現一種以前沒有過的表情——迷惑、傾聽，又稍帶恐懼的表情。父母看到這種表情時，也許會想要順著他的要求，而這也許正是要和他討價還價的時候了。

從這個階段開始，孩子也漸漸明白事情的「好」或「壞」。這個時期，他最高興的事，莫過於在就寢前聽一些故事，不管這些故事講的是他自己或者他的父母，他喜歡聽爸爸、媽媽小時候如何如何壞，以及怎麼好的故事。

總而言之，四歲半的小孩是不容易預測的。不過，假如你記他以前有過的樣子，同時預測他將來又會是什麼樣子，這就能幫助你界定並了解他現在的樣子。

給父母的提醒

在這裏，我們要鄭重地提醒你：任何人（包括我們在內）告訴你，你的孩子將來會有什麼樣的行為，你不要把它看得太認真。

就所有正常的孩子而言，他們的行為發展的確是按照一個很典型的型態在走。一個行為較不成熟的階段之後，跟著就是行為比較成熟的階段，這個方式是很能夠預測的。因此，當我們看到一個小孩表現出某種一定有的行為時，我們可以告訴你，他的下一個行為很可能是什麼。

根據我們對每個年紀成千個兒童的研究，我們也可以告訴你，在正常情況下，你的小孩約略會在何時達到那個階段。

的確，幾乎每個小孩都會經歷所有的階段，而且經歷的程序相當一定。但我們無法確定告訴你的是，你的小孩確實會在什麼時候，達到這每一個階段。

年齡行為規範（即不同的年齡有什麼不同的行為），只是一個「平均值」而已。你的孩子也許十分正常地在這些「平均」之前或者之後，因此如果我們說，某種行為是四歲小孩會有的特徵，而你的孩子還未達到這個階段，你大可不必為此煩惱。你的孩子也許在發展上比一般小孩稍微遲了一點點，而這也是很正常的，如果他的行為品質十分優秀，到時候他自然會把他的良好潛能發揮出來。每個孩子都有他自己成長的時刻表，你不要期望他會按照我們的時刻表成長，絲毫不差。

再說，孩子有其個別差異，並不是所有的三歲孩子都溫順，也不是每個四歲小孩都很野。

我們告訴你，不同年齡的孩子會有什麼特徵，目的並非要你去檢查、擔心，而是要讓你在理性的範圍內，知道該期望孩子什麼。如果孩子的行為偶爾跟你所想的不同時，你「不必」替他憂心忡忡。

知道小孩子不會老是乖乖地聽話、守規矩；在正常的情況下，很多「很好」的孩子，在某些階段，也經常有不乖的行為——這對許多父母來說，心情會較為舒坦些。

許多家長在看過我們描述不同年齡孩子可能有那些行為特徵的文章時，都反應說：「現在我知道他是正常的了。」基於這個理由，我們為你寫下這本書，希望你在看到自己的孩子經常有某些明顯的行為表現，而這些行為表現即使在完全正常孩子也會出現的時候，心理有所準備，並且能放鬆、自在，這樣，你就不會為自己孩子偶爾的偏軌行為而感到歉疚，或尷尬不安，你也就不會在不知不覺或激怒之下動手打孩子。

有了瞭解，你就能領會，成長的法則經由你的孩子在表達什麼；你也能對孩子的行為表現方式，發出內心的微笑，並且，能用含有信心與愛心的權威，去採取行動。

第二章　人際關係

典型的四歲小孩喜愛「新奇」。對他來說，「別的孩子」是個很新奇的對象。假如這些孩子又和他的年齡相仿，他就會和他們一樣，好動、容易興奮、熱情、不守規矩、隨時準備新鮮的事做，而且他們跟他一樣，多多少少是沒有辦法預測的。但是，這些類似的特質卻使他們在玩的時候更有意思。

同齡玩伴

這個年齡的小孩很喜歡玩在一起，因此，只要沒什麼干預，他們經常能夠順利地玩下去。當然啦，如果有媽媽或老師在不遠的地方，隨時替他們排解爭端、制止吵架，或是在遊戲陷入死胡同時，給他們新的東西玩，可能更好。

兩個四歲小孩一起玩時，他們不喜歡有第三者介入，否則，第三者會受到排斥。不過，比起以前來，排斥的情況已改善了一些。此時的友誼可以說是正面的，而且是以共同活動為基礎，而不是單靠排斥不喜歡的第三者來建立。

多數四歲兒的興趣比較傾向於和別人合作，他們很容易跟別人合作、分享和輪流，也喜歡享受一起活動時的興奮感，一些大型的、需要其他小朋友協助的活動，更能討他歡心。

由於四歲小孩可以幾個人合作著，一起玩一樣東西，所以，他對於自己所擁有的東西，也較能與人分享，不像以前那麼難說話了。

這個年齡的小孩喜歡「朋友」這個字眼，因此，幼稚園的老師只需對孩子說：「這是你的朋友，他想跟你玩。」就能激起他們的友誼。

四歲兒的人際關係不像以前那樣硬梆梆的，因此，媽媽和老師經常能夠用一些幽默的話，改變他們的遊戲的地點，或者建議他們用心把目前的活動弄得好玩一點，就能化解他們之間短暫的糾紛。

要不然，他也會解決他自己的問題：「先由我輪流起。」或者：「現在輪到我了，好嗎？」或者：「等一下就能用那個紅的嗎？」或者：「你現在可以還我手槍了嗎？」等等。

社交行為中所需要的任何語言，四歲小孩顯然都能講：「我們來玩這個，好嗎？」「我是農場的主人。有誰要牛奶？誰要來幫我擠牛奶？誰要來幫我把穀倉裏的東西搬出來？」「把它放在上面。對了！很好。」「你摸摸我的額頭，很燙。」「我的肚臍是凸出來的。」

在一個團體裏面，如果必須幾個人坐在一桌，共用蠟筆畫圖或者玩黏土，四歲孩子經常會交換彼此的材料來用。他們也許會為了爭材料而動點口角，也許會拿自己做好或別人做好的東西給老師看；要不然，就是在動手做時，談許多和正在做的東西沾不上什麼邊的話題。

和進行其他活動時一樣，四歲孩子跟朋友一起玩時，會顯露出喜歡暴力和誇大的特徵。一個正常的四歲孩子，可能對他的朋友這樣說：「你沒聽到嗎？我把你的外套拿去燒掉了！」如果他的朋友不理會他這句話，他可能會再說一遍。

四歲兒的心裏常常想起火來。一輛消防車可以說是四歲小孩所喜愛的禮物，要不就是想要消防人員的頭盔。最特別的是，他可能希望長大後當個消防人員。不過，在這同時，他也怕火警怕得要死。

這個年紀的小孩雖然時常一副愛動粗又容易衝動的樣子，其實，他最希望朋友喜歡他、贊同他。「好不好？」是他最常用的字眼。「現在我就只拿這個，好不好？」「我們來造個修車廠，好不好？」

在團體裏，這個年紀的孩子很少自己玩，他們對別的小朋友極感興趣，而且隨時準備加入。在任何遊戲團體中，大多數孩子都把時間投注在精心建造的或富有想像力的合作性遊戲上，他們經常可以在沒有大人的協助或建議下，自己組成各種合作性的遊戲或活動。

和四歲以前一樣，他們也許強調想像，也許強調實物的建造與活動。一群小孩可能不用大人幫助，就能建起一座大型的教室，然後上起課來。他們也能建個商店，然後賣起雜貨。甚至，造條船開出海去。不過，對他們來說，在做這些活動時所說的話，或許比活動本身更為重要。

四歲孩子的友誼是強烈的。他們不但喜歡和某些特定的小朋友一起玩，還喜歡用手環繞著對方，坐著說悄悄話。即使是男孩，也常常可看到他們擁在一起交頭接耳。如果兩個小朋友在一起，只要有一個帶頭作某個活動（例如：畫圖），另外那個也會想跟著做。

這種對別人的親密興趣，可能會導致「性」方面的活動。其實，這種遊戲對孩子不見得有多大傷害，不過，多數家長都不會喜歡，而且，如果不把它引入正軌，顯然會造成過度耽溺的可能。萬一真的發生了，不應當責怪那個小孩，因為無論在媽媽眼中多乖的孩子，都可能是個帶頭玩這種遊戲的人。通常，小心地看管，可以防止小孩玩性方面的遊戲。

不過，父母必須記住，這個階段的孩子的確經常會以撫摸生殖器，來發洩他們過度緊張的情緒。尤其是男孩，他在和別人交往的緊張場合中，常常會抓陰莖。這時候，你若告訴小孩：「不要那樣！」並不很恰當，最好是把他的心思引到某個有意思的事情上面。例如，叫他進屋子，或到院子去玩。

比較大的四歲兒中（尤其是男孩），往往會有某個孩子站出來當領導人，而其他小朋友也很願意聽從他的命令，照著他的話做。女孩子往往是在比較浪漫的情形下，領導別人。這些人的友情，可能持續數個星期之久。

在幼稚園裏，小朋友對於班上其他同學，往往具有強烈地認同感，他們會帶東西去和大家一起吃，也喜歡邀請小朋友和老師來家裏玩。他們喜歡熱鬧的聚會，也喜歡在家裏或者在學校慶祝生日。

兄弟姊妹

四歲小孩可以說是個帶有攻擊性的小傢伙，不管對兄弟姊妹還是對外人都一樣。實際上，他和外人相處確實比和兄弟姊妹還好。在遊戲的夥伴中，他往往對他所喜歡而且能吸引他的人傾心，可是在家中，他卻要跟不能選擇，也不是都喜歡的人——兄弟姊妹打交道。

四歲的孩子除非感到自己的地位被弟弟妹妹取代，因而發生了情緒問題，否則，他通常能用合理的態度來對待弟弟妹妹。不過，即使是這樣，還是不能讓他和嬰兒單獨在一起，因為他仍然不是完全能預測的。（假使他非常地討厭他的小弟弟、小妹妹，那更不能讓他們單獨在一塊兒，即使只是很短的時間也不行。）

四歲小孩對兄弟姊妹的舉動常是無法預測的。他有時和他們玩得很好，有時卻極為吵鬧。父母常會驚訝地發現，一個四歲的孩子偶爾也會跟比他大了很多的哥哥姊姊吵架。事實上，四歲小孩是會為了自己的理由（有時是不可理喻的理由），而對大很多的哥哥或姊姊大肆攻擊，大發命令的。這也許是由於他們的優越感受到能力較大的人威脅的緣故。無論怎樣，四歲小孩最常向哥哥姊姊下的命令是：「不要做那種事，那是錯的。如果你再做，我就把你切成一小塊一小塊，丟到垃圾筒去。」

四歲孩子對於比他小很多的人雖然不錯，但是也可能很差。例如：有個男孩看到他的小妹妹穿著一身新的粉紅色衣服，就對她說：「粉紅，粉紅，你臭死了。」（當然，他也許是在這裏顯示他的優越感。）

家庭環境不同，所培育出的小孩子也不一樣。有些小孩（尤其是文靜的小女孩），可以花大部分時間和自己的兄弟姊妹相處，有些卻很喜歡吵鬧，而且「老是吵架」。這種吵架發生時，家長應當了解：

1.兄弟姊妹之間的吵架不但是正常現象，而且不管他們吵得多大聲，他們往往還以此為樂。

2.可能的話，把他們分開來。

3.想想看，一天中的什麼時候，或者什麼情況，會造成他們之間最嚴重的吵架，然後儘可能減少或避免這些情況。

幼兒園

雖然，孩子上幼兒園（幼稚園、托兒所）並不一定就有個快樂的童年，但是父母如果能讓孩子上一所活潑可愛，不以教學為主的幼兒園，就是給四歲孩子一個最教他滿意又興奮的機會了。

這個天賦正常、個性好動、體力充沛、喜歡嘗試新經驗的四歲孩子，常常讓你很快地精疲力盡，興致大減，無法再陪他玩下去。幼兒園的老師需要有旺盛的元氣和精神，才能應付這個活潑好動的小孩。

一所優良的幼兒園所擁有的設備，自然會比家庭所能提供的，還更豐富、更富於變化、更適合孩子玩。

老師也和媽媽不同，老師不必邊做家事，邊照料孩子。他的專任工作是，為孩子布置一個情境，讓他充分表現創造和富有戲劇性的興趣。而且，他比較不會被孩子叫去一起玩（家裏的媽媽可就不一樣）。

優良的幼兒園不但有豐富設備，也常有大人在一旁協助督導，而且，還有很多小朋友。對於活潑好動的四歲孩子來說，別人家的小朋友有時能引他好動，有時也能叫他靜下來。就任何一個這個年紀的孩子來說，可能沒有一個學習情境能比「讓他自己由同齡小朋友溫和地擺布，而從當中學習」的情境來得好。這樣的情境才是這個年齡的孩子「真正」學習的地方；是書本或強迫性的學習情境所比不上的。

然而，也有一些孩子不是不願意上幼兒園，就是一次接一次地鬧感冒，以至於上學的好處反而抵不過壞處。一般來說，三歲是上幼兒園的理想年齡。四歲更需要上學，不過，如果他沒有這分興致，他也許寧願待在家裏。

家裏也有很多可以讓四歲兒喜歡的地方。發生在家裏的事，像：拿東西、放東西、收垃圾的人或者郵差的到來等等，他都會喜歡。他會找些簡單的道具，像：大型的紙箱或盒子，以及零零碎碎的雜物、玩具等，來玩些活動。

不論他有沒有上幼兒園，他總是喜歡到鄰居那裏走動，目的就只為了說話。他很喜歡跟有興趣、有時間、年紀也比較大的人談天說地。不過，家長也要加以限制，不要讓他在鄰居那裏逗留太久。

第三章　與四歲孩子相處的技巧

管教活力充沛的四歲兒的最佳技巧，是源自對他基本個性的了解。你對他越了解，就越能幫助他言行舉止中規中矩。

使生活愉快的十五個技巧

技巧一：與他一起分享和創造

首先，四歲兒是個喜愛新奇冒險的人。你要和他分享，並且為他創造新鮮事兒。即使是在鄰近走走，四歲兒都會有他感興趣的地方，在他熱切的眼光中，一切都披上新奇的光澤。那怕是一次短程的散步，或是回家路上吃個甜筒，對一個四歲兒童來說，都比特地到某一個地方去參觀文化活動，來得有趣得多。

技巧二：不理會他的不好行為

如果你的四歲孩子有一些粗野的行為（例如：說髒話、吹噓、說些極端傻里傻氣的話）令你生氣，你想叫他靜下來的最好方法，就是不理會他。如同一首古詩上說的：「他的所作所為，就是要惹你氣惱。」因此，假如你表現得不生氣，甚至是沒注意到，那麼，他說髒話或誇口的行為，很快會消失掉。

技巧三：接納他的吹牛

有一種相反的技巧（這個技巧較為有趣），也可能同樣有效，那就是和他一起玩吹牛的遊戲。當他誇大其詞時，你就用吹牛的話去反駁他。你認為很需要反駁他時，就反駁；但是，不要經常反駁他。

四歲兒童喜歡他自己所熟悉的故事和歌曲，這和以前要求每樣東西得一成不變的他有所不同。他也許喜歡你用好笑的方式，把一個熟悉的故事或歌曲念或唱出來。於是，「一閃一閃亮晶晶」可能變成了「蝙蝠、老鼠和蜘蛛」。每重複一次，這首歌可能變得一次比一次好笑。許多家長發覺，四歲兒比我們所想像的，還更擅長於這些遊戲和吹牛。

對四歲小孩的父母而言，有件很重要的事是，不要因為他時常有不規矩的行為而惱怒。如果你了解四歲小孩都可能有這種行為，你就比較不會受到影響。

技巧四：和他對罵

假如孩子用粗野的話攻擊你，你也可以和他玩對罵的遊戲，以解放他（或者是你自己）被抑制的情緒。罵的時候，要像是真的在罵他一樣。譬如你可以罵他：「你是隻被壓爛的毛毛蟲。」」這類愚昧的對罵語要持續到你們的笑聲取代憤怒為止。

技巧五：給他一段專屬時間

四歲孩子最愛去「遠足」或「找新奇的事做」。尤其假如你非常忙著照料他的小弟弟或小妹妹，而卻特意騰出一個下午或一部分時間給他，他更會快樂半天。你可以事先列好一些你認為不會讓他玩得太野的活動，讓他選擇。

技巧六：給予口頭規範

由於這個年紀的小孩常常不守規矩，為了安全起見，你必須找出最有效的方式，把他限制在你認為可以接受的運動範圍內。「把大門關起來」這種方法對四歲小孩來說，已經不再像以前那麼管用，反而是口頭上的限制，例如「最遠到角落那裏」這類的話，能收到很好的效果。四歲小孩其實都喜歡並且尊重這些規範，只要你給他，他似乎就能領會（雖然他不會時時刻刻牢記在心裏）。

多數小孩對於「……是規矩」這句話，都反應得很好（即使他們並不了解為什麼那是規矩）。「那是規矩」這句話適用於任何情況。然而，這些規矩最好是用在非常廣泛而且是一般性的情況下，例如：「不可以打別的小朋友，這是規矩。」或是：「不要抓著別人的玩具不放，這是規矩。」你千萬不要把這個好技巧浪費或縮小在單一的情況上面，像：「不該打強尼，這是規矩。」

「那是不公平的」是另一個類似的約束。許多孩子即使不完全了解這句話，也都有所反應。

假如你想給你的四歲孩子一個能夠活動的範圍，你可以為他立下規範，或者至少一個「樣子」。例如：當他在奶奶家玩的時候，如果行為太野了一點，奶奶可以告訴他：「你是客人喔！」來幫助他矯正行為。然後，她可以概要說出幾條客人應有的行為規範。對他來說，「當客人」非常有趣，他大多願意遵守合理的約束。

技巧七：和他打商量

另一個很好的技巧是「商量」。如果你覺得這麼做會讓你傷腦筋，或是覺得這樣太像賄賂，那你就別做。不過，很多父母發現，「商量」對四歲孩子是很管用的。也就是說，你付出一點，你的孩子也會願意能夠付出，做為回報。

這個年紀的小孩喜歡耍「把戲」，也愛用新的方法做事，如果他不願繼續做，或是拖拖拉拉時，你不妨使用這個方法，建議他朝他所喜愛的目標作個三級跳，以激勵他。

技巧八：儘量避免會有麻煩的情境

教四歲小孩改變活動，不像三歲半那個時候困難，不過，假如真有麻煩，你可以興致勃勃地告訴他，你所建議的下一個活動的情形，這經常能克服這種困難。

有個通則能替你和你的孩子省掉很多痛苦，那就是避開已知可能惹起麻煩的情境。也許有某些事你們一起做時，或者若干情況下，幾乎無可避免都會導致麻煩。如果你找出了這個情境，就要儘量去改變它，不要等它發生了，再當場教訓孩子。

技巧九：不要在電話中閒聊

大多數的四歲孩子都討厭媽媽聽電話，尤其是媽媽滔滔不絕地說個不停的時候。這時，他們會很不聽話，給你惹麻煩，然後，再大驚小叫；接著媽媽就大叫大罵，或處罰他。

當媽媽的也許會覺得，已經沒給自己多少興致和時間在電話中閒聊了，為什麼孩子還要搗蛋？其實，孩子並不這麼想，他只會單純地認為你不理他。因此，如果你想在電話中長篇大論的話，可以等孩子睡午覺時才打。這不但是個很仁慈的舉動，而且還可避免許多壞行為和處罰。

技巧十：使用肯定而幽默的引導

這個年紀的孩子由於很喜歡好笑的事，你用一些好笑的名詞、形容詞或動詞教他，可能要比用正正經經的字眼來得有效。要是你告訴他，不要推小朋友，他也許就故意去推。要是你告訴他：「不要像個推花生的機器！」他可能就會乖乖地聽你的話。

雖然，肯定的教導往往比否定的訓誡有效——也就是說，你要告訴他，你希望他做什麼，而不是告訴他，你不希望他做什麼。不過，否定的教導有時也會有效，尤其是誇大的否定詞如：「千萬不要，不要，不要！」如果說得很有力，能引起他的注意而使他順從。

不過，一般而言，最好還是儘可能把事情說得肯定一點。如果你告訴孩子，說他會有多乖，他往往就會這麼乖。

技巧十一：使用「祕密」字眼

和以前一樣，四歲孩子對於「新」這個觀念，往往有良好反應。像「不同」、「吃驚」、「猜看看」這些字眼，拿來引發他的動機，是非常管用的。

或者，有些編造的字（只有孩子和他的媽媽才知道什麼意思），有時也很有用。四歲孩子常常能快樂而自在地從舌尖溜出這類字眼，而且，當它是個「祕密」時，它能產生神奇的效果，教不懂的人嘖嘖稱奇。

一個四歲女孩的媽媽帶她回家，她卻跑去躲起來，這時，只要媽媽說出那個只有她們懂的字，就能幫助她馬上跑出來，幫助她把東西收拾好，並且牽著媽媽的手走出門。因為她知道，沒有人聽得懂這個字，而產生了安全感。

技巧十二：以輕聲細語取代吼叫

和對待三歲多的孩子一樣，輕聲細語也許比大吼大叫有效。至少它能安撫孩子，引起他的注意。

在學齡前這個階段，「分散注意力」就像一根「神奇的魔棒」。雖然，這種技巧比較不需要用在好動、易變、動作又快的四歲孩子身上。不過，你的孩子即使已經是四歲了，有時還是會執著在某一個點上，使你們兩個僵在那裏，相持不下。如果發生了這種事，與其吵吵鬧鬧去解決問題，倒不如用你所能想到的方法，很快地改變話題或情況，以分散他的注意力。

技巧十三：有時不妨也吹吹牛

由於四歲小孩喜歡誇口，所以你如果想激發他、約束他，或者逗他玩，吹牛是很有用的。「和世界一樣大」、「一千萬年」，或者只是淺易而好笑的語言，都能引起他的興趣，分散他的注意力。

在四歲階段，甚至在這個年紀以上的階段，讚美和恭維都能產生神奇效果。日後孩子也許知道是吹牛，但是，恭維的量似乎再多也填不飽四歲孩子那貪得無魘的胃口。你可以讚美他的襯衫、衣服或鞋子漂亮。或者，你也可以稱讚他完成一件指定工作或創造性活動的方式。要不然，如果他在跟別人玩，你也可以讚美他和別人的關係：「你幫小華那個忙，我想他會很高興。」

其實，假如你讚美得不夠，他也會讚美他自己的。你常可以聽到你的四歲孩子抗議說：「我是聰明的啊！」你可以笑著同意他的話。

技巧十四：全心全意和他談話

指出孩子的缺點，要他改進，這乃是天經地義且簡單的事；告訴孩子多麼愛他，更是需要。如果你說不出讚美的話，那麼你得從現在開始訓練自己。

對待任何孩子，「和他說說話」，就這麼一個簡單的動作，也能產生意想不到的效果。幾乎每個孩子都喜歡那種受父母全心注意的感覺，而且喜歡和父母講話。假如你想知道孩子心裏想些什麼，大可不必直接問他，只跟他說說話就行了。良好的溝通對於轉眼就到的十來歲——這個難管教的階段，是十分重要的，不過，對四歲孩子也是同樣地重要。因此，聽聽孩子，跟他說話吧！說話是通往良好溝通的最佳途徑之一。你會發現，讓你能夠順順利利過完一天的，是你和孩子的關係，良好技巧的使用甚至比不上它。

今天，這個世界有個奇特的現象，那就是，批評的時候多而讚美的時候少。讚美的做法的確能幫助你漂漂亮亮地把孩子教好。

技巧十五：謹慎地選擇電視節目

現今社會給學前兒童的偉大新事物之一是「電視」，你要以自由但謹慎的態度來使用它。我們所研究的一群兒童，全都是看電視的。

所有男孩的父母，以及幾乎所有女孩的父母都強烈感覺到，電視的確增加了孩子的生活內容（即使只是增加了娛樂）。因此，在合理的範圍內，不要害怕利用電視螢光幕所提供的資訊。電視可以成為你填滿一部分日子的一個好方式，也能滿足四歲孩子對於興奮、活動，和看戲的需要。

選擇合適的節目也許困難，尤其是家裏如果同時也有較大的孩子時。因此，請試著選出一個你認為對孩子有好處的「他的」節目。這樣一來，你就較不至於使他暴露在一些恐怖而他又看不懂的節目裏。

此外，如果他所看的節目在教字母、數字，或大小、形狀等概念，而他對這種教學又有反應時，你不妨以他對此類型節目的興趣，做為引導他的參考。這種節目不會使他變得更聰明，也可能不會使他比不看這個節目時更早會看書。你不必鼓勵他在小朋友和鄰居面前炫燿這種技能，不過，假如你和他都喜歡這樣的練習，那是好的！

最後，請記住，一旦你了解這個年紀（或者任何年齡）的孩子「是」個什麼樣子，這就能幫助你了解他「將來」會喜歡什麼，你也能因而修正你的管教技巧。

給父母的提醒

在這兒討論管教技巧，為的是要表達我們對管教的態度。如同大部分人所理解的，管教和處罰並不是同一回事，更正確地說，管教是替孩子建造一種生活情境，讓他能夠養成良好、有效、受人喜愛的行為的一種方式，技巧本身只是一種管教的形式。

至於你自己的管教「哲學」，也許你是個守舊、權威型的家長，期望孩子無論如何都要照著你的話做。而即使要求並不合理，或超過他的能力，你也可能是個縱容型的家長，什麼都准許，容許孩子為所欲為。

或者，你可能像我們所建議的，遵照我們所謂的「知性縱容」（或稱為受控制的彈性）政策，也就是說，你的要求和期望都儘量適合孩子，在他的個性及成熟度配合下可以做得到的。同時，你知道自己的要求合理，就要立場堅定而一貫。

雖然沒有一個父母能做得十全十美，但是，你做得越有效，你的管教就越好，孩子反抗、不聽話，或「不良」行為就越少，而且也越不需要處罰。

至於你應當使用何種方式處罰孩子才恰當，取決於你自己的脾氣，另一方面則看何種方式對你的孩子有效。像：暫時性的隔離對某些孩子有效；剝奪特權對另一些小孩有效；有的要體罰才有效。如果掌打有用，偶爾使用並非不道德，只是，不要老是靠掌打來處罰孩子。

主張「行為矯正」的人認為，你讚美好的，不去注意壞的，用這個方式可以讓任何孩子聽你的話。有的人則認為，這種作法不自然而且複雜。不過，你們當中若有誰想試試，我們建議你閱讀羅格．麥可恩泰（Roger W. McIntire）寫的「為了愛孩子（For Love of Children)」。

有一種約有六十年歷史，至今仍被繼續使用的管教方式，叫做「必然的結果」。這個方式就是，如果孩子做了他不該做的事，或者沒做他應該做的事（例如：他把三輪車留在外面，結果被偷了）就必須接受所造成的後果。

每一個人都有他自己的一套管教哲學及方法，只要你了解自己和孩子的脾氣就可以了。其實，即使你和你的配偶無法在每個細節上都有一致的態度，至少也要在基本方法方面，取得態度一致。如果父母親對於「要求孩子做什麼才合理」，都有理性的良好理解，以及相同的看法，那麼就很有可能幫助孩子產生既良好又有效的行為。

以下是給你的幾項提醒：

1.假如你的孩子不守規矩（他極可能如此），你不要過於憂慮。「精力過盛」在這個年紀是自然而常見的，而且，為了維持不安定的三歲半，和安靜而適應力良好的五歲之間的平衡，這可能也十分必要。

2.假如你的孩子說謊、罵人或吹牛，你不要太過大驚小怪，也不必擔心。這些行為差不多是四歲小孩的特徵，你可以（而且毫無疑問地）不去鼓勵，並且不去贊同這些行為。

3.你要儘量避免用過度「道德」的眼光，去判斷孩子經常有點違反社會的行為。再過一年，他可能就會變得聽話、守規矩、溫馴，盡如你的意了。

4.不要為了激勵沒有興趣或者不十分活潑的孩子，就胡亂找事情給他做。「成功」是任何年齡最好的激勵動力。如果你提供他機會，讓他依自己的脾氣和成熟程度去應付，這就能鼓勵他活動了。

5.不要費心去想辦法增加你的孩子的智力。就我們所知，基本的智力程度，大多決定於遺傳因素。你可以也應該給所有孩子適度的刺激，但是，不要對智力的程度或品質過敏。

6.不要認為你應當教你的四歲孩子閱讀。你可以念給他聽，買書給他看。如果他挑出書上的字問你：「『停止』怎麼寫？」你絕對要有問必答。但是，不要逼他。要知道，對於閱讀（或者數字）如果有什麼興趣，也要他有意願而非你單方面的努力。

7.如果你的孩子仍然在吸吮大拇指、玩自己的毯子，或者沉溺在任一種他小時發洩緊張情緒的方式中，你儘量不要認為此時正是他放棄這些行為的「時候」。再過幾個月，這種行為可能就會消失。

8.如果你的孩子在晚上仍然會尿床，你別以為他有了「尿床問題」。很多十分正常的孩子一直要到五歲或甚至六歲，或者甚至大一點，才有不尿床的能力。所以，你替他把尿布包好、包緊，以省卻洗滌的麻煩，免掉發牢騷或操心吧！

9.不要因為孩子有你不喜歡的行為——表現自私、說粗話、玩性遊戲等，就責怪他的玩伴。今天帶頭做這個動作的，是鄰居的小孩，明天也許就是你自己的孩子。

10.這個年紀的孩子好玩、活潑而又熱情洋溢，趁他還是這個樣子時，要去欣賞他、喜歡他，即使在某些方面的行為也許並不十分討人喜愛。

第四章　能力表現

只要孩子的成長看來似乎正常合理，他的行為和其他孩子在他那個年紀時差不多，或者和其他同齡孩子的行為大同小異，你就不必對他的某些方面「會做」或「不會做」神經過敏。

請記住，智力與成熟是分開的兩回事。一個孩子可能是很聰明的，但是以他的年紀來說，卻顯得稚嫩。或者，他可能沒有那麼聰明，但是以他的年紀來看，卻顯得成熟。不論他是聰明或不聰明，成熟或不成熟，請記得兩件重要的事情：

第一件事是：智力大多是一種得自遺傳的能力。當然，你會盡你的所能給他刺激，希望他的生活充實而有趣，但是，即使你盡了最大努力，很可能還是沒辦法使他的智力超過天賦所給予他的。從另一個角度來說，即使他的智力並不是屬於優秀的那一型，但是，由於你不把缺乏最高智慧的事情看得很重，不給他壓力，他的前途還是可以很好的。

成熟也是一樣。我們預期一個四歲孩子應該能做什麼，這只是就一般大多數的孩子而言。孩子也許比我們所設定的時間進度表提前或落後了一點，但是，他還是完全正常的。假如你的四歲孩子偶然間好像不大跟得上一般四歲孩子的成熟標準，這可能就是意味著，到時候，你得讓他比法定年齡晚一點就學，不過你也不必因此而焦急。

如果有一張單子，列出那個年紀典型的孩子能做那一些活動、能完成那一些事情，那麼，單子前面應該註明清楚，提醒大家：也許沒有真正「典型」的孩子「存在」。當我們描述四歲孩子的行為時，我們的意思是說，那個年齡的孩子「大部分」或是「許多人」，真的有那樣的行為。

不過，也有許多孩子是以比一般孩子快（或者慢）一點的速度發展，所以，他也會比一般時間提早（或落後）達到所說的行為。有一些孩子由於本身特有的個性，也許永遠沒有那樣典型的行為。

就拿一個我們認為是四歲孩子很典型的行為——向外擴張、不守規矩的行為特徵來說吧！假如你有個溫文沈靜，個性平和而又守規矩的兒子或女兒，他在這個年紀的行為表現，很可能就比三歲或五歲時要向外擴展得多。假使他整個成長速度似乎慢了一點，這種擴張行為遲早也會出現。

每個孩子都有他特有的成長速率和模式，你必須容許孩子有相當充裕的時間。一個孩子也許比假定的「一般孩子」提前或落後了一年之多；也許語言能力較超前而運動能力卻落後，無論他的能力表現怎樣，他仍然算是在正常的範圍內。

動作方面

你那個典型的四歲孩子，衝勁大、熱情活潑、喜歡向外跑，是個最卓越的運動員。他喜歡跑、跳、爬高、沒有目的跳上跳下。他也喜歡說話、大聲喊叫、做出激動或愚昧的動作。他不但愛吹牛，還喜歡誇張的聲音和動作。他喜歡談大的（或是巨大的）東西，也愛做大的東西。他畫圖的動作極快，需要很多空間讓他畫。

他的衝勁似乎是沒有止境的。他做的每樣事情背後都存在著力量與衝勁。而且，他給人的印象是隨時都準備好做任何事情。一個困難的動作，在他六個月以前，也許會令他敏感不安，現在卻是他所歡迎的一項挑戰。他喜歡難做而大膽的動作；喜歡不同的東西；也喜歡表現出他是個掌握空間和傾斜面的好手。

如同我們前面說過的，四歲孩子動作敏捷，在他做的每件事情當中，幾乎都可以明顯地看出他的決定明快、動作迅速。他的行動快捷俐落，很少拖泥帶水。

四歲孩子身體各部分的協調能力比以前好得多。事實上，在有效移動身體的這個方面，他經常顯現相當好的能力。他的平衡感越來越好，使他能夠玩一些需要複雜動作技巧的遊戲，並能享受很多體能活動和驚人的技藝。這時候，也許是開始教他玩碰腳趾或膝蓋等體能遊戲的良好時機。四歲孩子尤其喜歡做一些刺激耳內半規管的驚人動作，像是：旋轉、搖晃，和翻觔斗等。

事實上，他對自己能做的事，心裏似乎清楚。就因為這樣，這個年紀的孩子喜歡配上鼓聲或歌曲的創造性肢體活動。

有時候，他的運動衝勁過大，如果給他運動的機會發洩過多的精力，他可能變成讓人感到棘手的孩子。假如你正為此苦惱，不妨教他儘量把時間花在戶外。可能的話，給他豐富的運動器材，讓他有機會顯示他的運動能耐。他在活動中感覺肌肉的存在，同時也希望「你」感覺到他的肌肉，並且告訴他說他有多壯（他喜歡告訴你說：「我很壯喔！」）。

四歲孩子在平衡和動作方面，有顯著的進步。這時，孩子不但會一腳踏上一個階梯上樓，下樓也是一腳一階（至少在最後幾階會如此）。他可以單腳站立四至八秒鐘，也可以單腳跳。他可以做到跑步跳或立定跳遠，也能夠從兩呎高的地方，雙腳一起跳下來。他能夠兩腳同時離地，在五秒之內，用兩腳趾尖跳七或八下。

到了四歲左右，多數孩子已經能運用自如地使用自己的腿，他們的動作也因而大為雅觀，大多數都能像成人一樣，步伐大而且款擺有致。

玩球時，多數孩子都能用手掌而不是揮動整隻手臂去接球。投球時，他也會判斷方向了。男孩投球的姿勢是：雙手舉在肩上，由肩膀右邊或從上面平行地拋出去；女孩則是由肩膀上方向下拋出去。

四歲孩子現在比以前會控制手指頭，而且也運用得熟練多了。他能處理小物品；能扣上或解開釦子；會繫鞋帶；會穿小珠子；大多數孩子都能用剪刀沿著一條線剪；能好好地端住一杯水，不讓水溢出來。

雖然四歲孩子天性好動、喜歡運動，也喜歡在平面或攀爬時用很大的空間，但是，他注意力持續的時間同時也增加了。這意味著，他停留在一個活動的時間，比以前久，事實上，他雖然這麼喜歡體能活動，但他也能坐上一段時間，去做他特別有興趣的手工。

如果一個孩子太過好動，似乎永遠無法靜下來，把一件事做到底，克制不住自己，我們就稱這種行為是「過度活動」。

真正的過動兒差不多都無法慢下來集中注意力。上幼兒園時，他讓每個人都精疲力盡。大一些時，他可能難以（或無法）表現「行為恰當」或學業優良。

活潑的學前幼兒是動態的，他「老是在動」、老是「在做任何事情」，它與真正的過動兒之間是有差異的。如果你無法區分孩子到底是否過動，不妨帶他去看醫生或兒童專家。

視覺方面

四歲孩子在視覺上的確比三歲時穩定，而且在視覺的反應上也較為外向。

由於他的空間世界擴大了，他喜歡在戶外玩。在戶外玩時，他不喜歡被限制在一個房間或一個遊戲區域內。在幼兒園，他的活動可以從一個房間到另一個房間，甚至跑進走廊。他是外向的，你必須小心地為他設立界限，以免他跑太遠遭到危險。

四歲孩子高度的衝勁造成一種新的身體活動。他是個小可愛，不容易分辨真實和虛構之間的不同。他在練習使用新的誇大字眼時，會吹牛，也許眼珠子還會愉快地溜來溜去。

現在，對於視覺和大肌肉兼用的活動，他都較有興趣參加。他喜歡攀爬、玩球、騎三輪車，甚至有時候還騎兩輪車。你只要使用塑膠墊子和球，就能使簡單的棒球遊戲更加好玩。較新型的小型兩輪腳踏車，即使不加掛輪子，孩子也很容易就學會（如果孩子腳能碰到地面，在學騎時就比較沒問題）。

在腳踏車上保持平衡的祕訣是靠雙手，如果他把身體向前傾，雙手就比較容易控制車把。孩子一旦能信得過他的雙手，就能騎車。這一類提升高度的大肌肉活動並不只限於男孩，女孩也喜歡。

四歲孩子的繪畫、塗色技巧，都比以前在行。一把鈍的好剪刀，會受到這些小工匠們的垂青。拼圖、木塊和其他建造材料也都受到他們的喜愛。四歲孩子還會試著用手搥打釘子呢！

這個時候，眼睛是朝著有動作的地方看的。因此，他喜歡坐在離電視機近的地方，彷彿這樣就和螢光幕上的動作打成一片了。父母應當記住，在這個好動的年齡，看電視不是取代活動的好辦法。

空間語言進步很快，如果你要他把球放在椅子的「上面」、「下面」、「後面」、「旁邊」或是「前面」，現在的他都能作正確的反應。這時候的孩子，能找出自己的衣服，也知道把玩具撿起來歸位。

假如他還沒有做過視力或眼睛方面的檢查，現在是檢查的良好時機。四歲孩子能注意到方向，會回答問題，而且在進行這項檢查的當兒，他也能集中注意力，達十五至二十分鐘之久，過了這段時間，他會從檢查椅上下來，走出檢查室，逃之夭夭。

如果檢查員的動作迅速，他會很合作的。四歲孩子對於簡單的「E」字視力測驗有良好的反應。他的兩隻眼睛都參與看的動作，兩眼一起看的能力比以前好。

協調適應方面

你那活潑的四歲孩子雖然是個粗線條，但是，到了他靈巧地使用雙手的時候，你會驚訝，他竟然越來越細膩可愛。因為他的眼睛和雙手配合得越來越靈活，手指頭的能力也增加了，會做相當精細而複雜的調整動作。

四歲孩子能做許多三歲兒所做不到的事。現在，他玩方塊積木的技巧嫻熟很多，能夠仿造一扇有四個方塊的門，中間用另一塊頂著（如七十四頁圖二）。到了四歲半，他就能根據示範的模型，造出這樣一扇門，而不必仿看別人做。

孩子使用鉛筆或蠟筆的技巧更加精練了。三歲時，他會仿畫十字形，現在，如果你畫一個十字形給他，他就能畫一個一模一樣的給你。此外，在四歲半時，他能複繪一個正方形，這是一種相當成熟的技巧。

他也能仿造一堆東西的次序。例如：把不同顏色或不同形狀的珠子，按照模型上的次序，用一根線穿起來。很多孩子能把各種形狀的積木（例如：正方形、圓形、星形等），放入一個有各種不同凹洞的造形盒。

如果你要孩子畫人，他可以畫出一個像樣的人形來（有頭部、眼睛、身體、手臂和腿），當然，身軀可能還是馬鈴薯形狀。

如果要他把一個「不完全的人」畫全，多數孩子現在都能加上五個部分：腿和腳、手臂和手、眼睛、頭髮或耳朵。在四歲半時，多數孩子會加上頸部的線條，留有長頭髮，手臂和腿也畫得比六個月以前畫的人長。由於對浴室和肚臍有偏好，很多孩子現在還會加個肚臍在他們畫的人身上（如圖三）。

多數孩子現在都很喜歡畫東西，很多能把顏色塗在圖畫輪廓裏面，而且塗得很好。許多大人認為，著色簿會扼殺孩子的創造力，但我們認為，假使你也同時讓孩子有表現藝術的自由，著色簿並無害處。事實上，許多四歲孩子特別喜歡沿著著色簿的圖形描繪線條，他們也喜歡把一些點連起來，就變成一幅畫的圖畫遊戲。

四歲孩子對剪刀的使用相當熟練。很多小孩的剪線能力極強，可以把圖片剪下來，甚至按照連續性的次序，把它貼到筆記本上。或者，他們會把一張圖片剪成幾個部分，

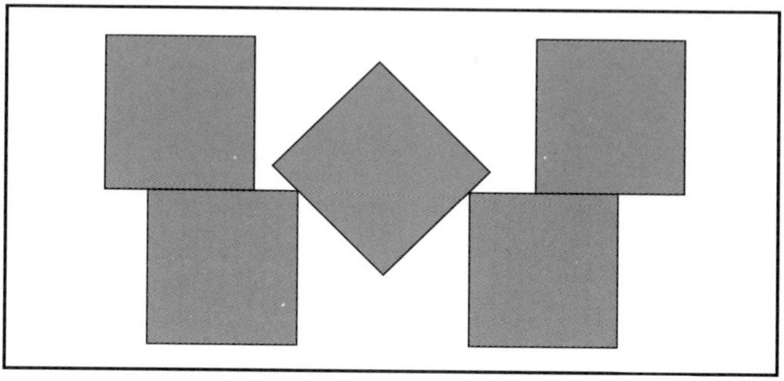

圖　二

圖　三

對吉賽爾「不完全人」測驗的典型反應

然後再把它們拼回原狀。他們也喜歡大型而不太複雜的拼圖。在他們步入五歲的當兒，對這種拼圖的反應會越來越老練。

這時期的孩子能分辨物品的相似性和差異性。他能夠分辨三個東西中最大及最長的一個，並且能把五個積木從最重到最輕的，順序排下來，很少有錯誤。他在配對與放置東西方面，也能掌握住形狀了。

有些四歲小孩很有興趣試著寫自己的名字和數目字，不過寫出來的字通常是兩吋大的大字。雖然我們不應該逼孩子做這種活動，但是，如果這種活動「自然而然地」發生了，我們就應該給予支持和鼓勵，如同應該如何對待他們早期想看書的行為一樣。

遊戲方面

四歲孩子隨時準備做任何事情。任何一種玩具或材料對他都具有吸引力，而且不管欠缺什麼，他經常能用他豐富而生動的想像力把它彌補過來。

不過，由於他的動作十分快捷，會濫用材料、情況，甚或空間，因此，他所使用的東西，都需要相當大的數量，你必須編較多的預算，替他買像紙張這類的材料。當然，有時也要替他設下使用限制。在一個活動開始以前就設下這些限制，比玩到興頭上了才去緊縮好。

四歲孩子最喜歡玩粗野而生動的運動遊戲，而且最好是在戶外。大多數的孩子，都非常喜歡到戶外玩，這種機會不必特意去製造或設計，因為，每個四歲孩子差不多都有豐沛的活力、生動的想像力，以及能把每樣東西變得好玩的天分，這些條件能使他們在戶外玩得很開心。

在四歲或者四歲半左右，他不再需要父母盯著，就可以獨自玩耍，你只要偶爾察看一下即可。

一般幼稚園的活動比較自由，也比較朝向戶外，這對四歲半的孩子來說，簡直是如魚得水。

比如說，攀爬式的運動場有地方讓他們爬，也能讓他們玩一些有趣的把戲，例如，倒懸或用單手支撐身體。同時，又有滑梯供他們溜；有好地方供他們挖土；有平坦的地方供他們騎三輪車。不過，即使是沒什麼設備的院子，也能被他們變成好玩的地方。

可能的話，夏天帶他去海濱或鄉下玩玩，四歲孩子不會嫩得無法欣賞花鳥樹木。

事實上，許多孩子心中是有宗教激情的。上帝也許變成他的字彙、他的生命，以及他的思想的一部分。如果你問一個四歲半的小男孩，他最喜歡什麼，他會替自己的感受做個總結：「我喜歡天空、山和花兒，以及整個世界。」

男孩和女孩（特別是男孩），差不多都喜愛任何活潑的體能活動，例如：騎快車、溜滑梯、挖土等。玩大型積木也是他們所喜愛的，大型積木經常被他們堆成印象中的房屋或樓房、堡壘等。這些建築物一旦建好，他們就會在裏面玩起想像性的遊戲（他們喜歡躲在房內的任何角落，或任何隱密的地方，咯咯傻笑及竊竊私語）。

有時，他們也會把卡車、貨車、汽車及火車玩具，拿來和大型積木擺在一起玩。特別是男孩，也許會造出精緻的道路、隧道或鐵軌，甚至有一兩個主管在指揮一群工人。不管是不是拿來和積木一起玩，男孩都喜歡汽車、卡車、火車和飛機等任何有輪子的東西。

四歲孩子也非常喜歡遠足、野外探險、參觀博物館，或在住家附近散步，以尋找新奇刺激的東西。

四歲孩子生動的想像力，時常造成最具創造力的戲劇性遊戲。沒有那一種「假裝」是他做不來的，一夥小孩在半個小時之內，就能變成怪物、太空人、強盜或店東。他也會假裝他是個攝影師，用拍立得照相機替人拍照，等一分鐘，他就能拿出他想像的成果來。

當然，扮家家酒是避免不了的。小女孩通常扮演媽媽、奶奶和嬰兒；男孩則扮演爸爸、爺爺，或來推銷東西的人（如果沒有較好的角色，就扮演家中的狗）。開商店差不多和扮家家酒一樣受歡迎，而且每個人都想當店員。

孩子也愛「幫忙」洗車、洗地板、洗窗子，幾乎任何一種玩水的遊戲都極受歡迎。但父母往往不太喜歡孩子玩水，因為他們怕孩子弄濕衣服。甚至，只要用上一點心思和技巧，大多數孩子很快就能玩這種有趣、好玩而又清涼的遊戲。四歲孩子特別喜歡吹汽球，而且通常都控制得很好。

「玩洋娃娃」這種最傳統的想像遊戲，四歲孩子最是拿手，他會帶洋娃娃去野餐、上幼稚園、甚或搬到別的城市去。

「打扮」也是四歲孩子很愛玩的一種遊戲。不僅是女孩子，連男孩子都喜歡打扮，他們尤其愛穿大人的衣服。通常，男孩較喜歡牛仔的帽子和手槍皮套；女孩則喜歡長禮服、面紗、帽子和手提包。他們假裝結婚，帶著新娘，還特別從舊衣櫃找衣服來精心打扮，這些都是受歡迎的遊戲。

一般創造性活動仍然都很受喜歡，像：蠟筆畫、塗色、手指畫，以及剪貼等。有的自然而然地開始寫字和數字。小一點的四歲兒仍然愛玩洋娃娃和黏土，不過，快到五歲時，他也許就會覺得這些遊戲太溫和了。

其他早期玩的許多遊戲仍然受到他喜愛，比如：玩塑膠方塊、瓷磚、樂高方塊或其他小木塊的積木；玩骨牌或拼圖或簡單的紙牌遊戲。接近五歲時，他們可能開始想玩計分的遊戲（雖然這需要媽媽或老師來參與，告訴他贏幾分）。

閱讀方面

書本仍然深受大多數四歲孩子的喜愛，而且在生活中占了很大一個部分。不管是別人念給他聽，或是他自己「看」，這時候的孩子對書有特別的偏愛，並且一本書能看很久。就在這個年齡，幽默故事特別受到青睞，幾乎每個孩子都愛看好笑的書。當然，孩子也有各自的喜好，有的也喜歡幻想性、想像性的書，有的則喜歡真實的故事。

因為四歲是個「不守規矩」的年齡，所以你會發現，四歲孩子的胃口極大，而且沒有什麼故事情境會離奇虛幻到讓他負荷不了，也因此，複雜的情節，甚至於緊張、懸疑的書，似乎都能增加四歲孩子閱讀的興趣，尤其像奇蹟似地從死神或劊子手的手中救出人來的這類故事，所具有的吸引力和格林童話不相上下。不過，我們應當小心保護神經脆弱的孩子，這種孩子看恐怖或緊張故事會受不了。

這個年紀的孩子喜歡複雜的圖畫。他們喜歡豐富而多樣的微末細節。兩歲孩子較喜愛一整張紙只有一個圖，而四歲孩子則樂於尋找圖中的細目小節，以刺激並且滿足他不斷擴大的興趣及想像力。

音樂與電視方面

四歲這時候，音樂是許多孩子極大樂趣的來源。他不但喜愛聽音樂，還很積極地參與音樂活動。較大的四歲孩子可以把拍子打得很好，並且喜歡拿指揮棒「指揮」團體合唱，他們也喜歡邊唱邊跳的圓圈圈遊戲。

電視也是四歲孩子很感興趣的一個對象，幾乎每個孩子都看電視。女孩一般都比較乖巧，看什麼節目、什麼時候看，通常都取決於父母的指令，男孩也一樣。當然，偶爾他們也會反對父母所選擇的節目。

大多數的父母都承認，看電視雖然會產生某些問題，但也確實增加了孩子的生活情趣。許多人認為，看電視應有限度，否則它會在孩子的生活中造成獨占的局面。有的人則反對，他們認為看電視只是一種被動的活動。也有的人抱怨，電視給兒童扭曲的人生觀。不過，大多數成人的確感激電視給他們輕鬆的機會（雖然他們也有抱怨的時候）。

飼養生物方面

和其他年齡一樣，四歲孩子能從寵物那裏獲得許多樂趣和生活經驗，從寵物身上，孩子可以學到很多東西。假使你對孩子的期望不太苛，他不但可以從照料單純而又需求較少的寵物上面，學到許多有關生命與成長的事情，並且還能學著負擔責任。不過，父母如果無法負起較大的責任，最好不要飼養寵物。

短期的寵物如：蠶、小毛蟲等，都能給孩子極多的樂趣與興奮，並且不需要太多的照顧。而烏龜是長期性的寵物，它們甚至能讓孩子培養出某種個性。

強壯的植物雖然比較不需要照料，但是多少還是要孩子負起照顧的責任。一個四歲的孩子都能強烈地承認這個事實——他的植物之所以能活著生長下去，一部分原因在於他照料，而他也樂於接受這個事實。

與他人交談方面

四歲孩子是個以自我為中心的小傢伙，不過，他的這種自我中心，卻樂於包括和他同齡的其他小朋友在內。在一個包含其他小朋友和一兩位大人的團體中，任何一個四歲小孩幾乎都是對著別的小朋友而說話的，並且當別的孩子對他說話時，他也都有合理的反應。雖然他也時常對著大人說話，或者表示聽到大人所說的某個事情，但他主要而顯著的興趣，往往是在別的男孩和女孩身上。

在這個外向的年紀，孩子比較少一個人玩，即使一個人玩，他還是會說一些話的。而即使孩子是自言自語，他所說的話也往往含有社會意味。例如，一個男童跑進遊戲室說：「老天！吵成這個樣子！」或者模仿大人的訓誡說：「我好像制止不了那種噪音的樣子！」四歲是個吵死人的年齡，不管他做什麼事情，大多是喧囂而活潑的。

四歲孩子絕不是不注意在場或跟他們玩的大人，只是他對其他小朋友的興趣，比對大人大得多。因此，他們可能把自認為有趣的消息說給大人聽：「我什麼都不在乎，就是受不了媽媽幫我洗頭。」「我住在鬼屋隔壁。」

他也許告訴你或吹噓他自己的能力：「我會寫字。」「我會算。」「我會用膝蓋搖擺。」「我很強壯。」「看我跳，好高喔！」他也會吹噓自己擁有的東西，好與別人作個有利於自己的比較：「我家裏積木比較大。」「我的積木比別的小朋友多。」

他仍然會向大人求助：「這到底怎麼做嘛？」「你能不能把這個放在不會丟掉的地方？」他的社交技巧雖然改善了，偶爾還是會要求援助，且以「不利於」別人的口吻說：「他們不讓我玩自己的車。」「他們不讓我進來。」

如果，沒有其他小朋友在場或者跟他玩，他就跟大人用心地玩想像性的遊戲。這時候，小男孩也許會認真地帶頭玩修理電話的遊戲，告訴大人他要做的工作，然後，一邊用心地修理，一邊說些適當的話。

和三歲時一樣，他現在對別的小朋友告訴他的話雖然很有反應，可是他對自己起頭的談話還是最感興趣，並且，這時的談話所反映的自我安全意識也強烈得多。四歲孩子似乎不再需要保護自己的每一個產品，或所擁有的東西。

因此，他比較少提到擁有權的事，而是常要求允許他使用別人在玩的東西。因此，「讓我」這種字眼，較常出現在合作性的遊戲中，像：「能不能給我那些標籤？」「先讓我開始輪流起，好嗎？」「我們來玩這個。」「快把門關上，你瞧！我們不要讓細菌跑進來。」「能不能給我那把手槍？」（「請」是這個年齡許多小孩喜歡用的字眼。）

他玩想像性遊戲時，往往帶有著幻想性的愉快聲音：「我是農夫，誰要來幫我卸下這堆乾草？」「我要去上班了，你把孩子放到床上。」

在合作性遊戲時，他也許會使用真實的東西（尤其是建築材料），和實際的對話：「那間房子要加屋頂，你怎麼不加？」「準備好了沒有？」「那很好，不過我們還要一個。」「我握著，這樣你就能下來了。」在合作性遊戲中，四歲孩子是善於接受彼此的建議的。合作性或想像性遊戲中的任何一個事件，都能繼續二十分鐘之久，而且從頭到尾、一來一往都有持續性的交談。

和六個月以前一樣，有的孩子似乎仍舊以強調他們所「不」喜歡的，來界定他們所喜歡的，因此，排斥和駁斥的語言依然很強烈：「你不能進來！」「你出去！」或者，在想像性的遊戲中，如果有個小朋友說：「我要一些牛奶。」另外一個可能回嘴說：「那不是牛奶，那只是木塊。」他們排斥不喜歡的小朋友，但是，對於他們「真正」喜歡的人（同性也好，異性也好），則常用強調的語氣來表示友善：「你是我的朋友。」「我要跟你坐在一起。」「我喜歡你。」他們也會跟朋友吃醋：「小琪，你不要跟他說話嘛！」

四歲孩子喜歡耳語和祕密，他現在喜歡用語言來玩遊戲，也喜歡押韻的東西，而且大多喜愛好笑的語言。

四歲孩子更是個吹牛大王：「我比你大。」「我可以跳比你高。」他喜歡拿父母來吹牛，或者引述他們的話當作至高無上的權威：「我媽媽說，你不能玩那個卡車。」這種吹噓往往會造成他和五歲及六歲小朋友的爭吵。打架是他們之間惟一的解決方式，而可憐的四歲孩子通常都是哭著回來。

可笑的語言深受許多小朋友的喜愛，因此，你可以拿來當做獲取合作的絕妙技巧。四歲孩子似乎對任何一種可笑的方法都著迷，事實上，在想像性或合作性遊戲的一些情節當中，說話也許比動作多。

暴烈的四歲孩子如果遇到不順心的事情，難免會有激烈的反抗行為，甚至大發脾氣。不過，大多數孩子在他不想遵守或順從時，他會用多采多姿的語言，把自己的反抗表達得十分有效——他用語言，而不是用行為告訴你，為何他不聽你的話。

在公平與客觀的研究當中，四歲孩子和再小一點時一樣，是用語言而非用行動表示拒絕。如圖四清楚顯示的，四歲孩子拒絕做沒有興趣或看起來太難的事，和他在五歲時的態度非常接近。他十分成熟，既不吵也不哭，他只是「說」而已。

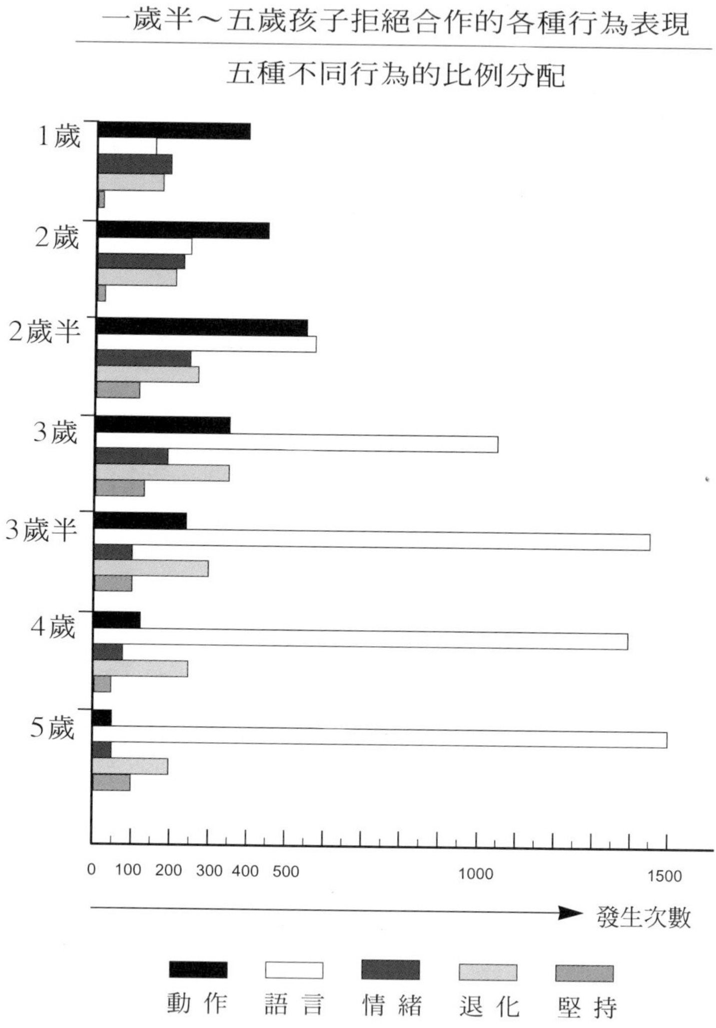

圖四　一歲半到五歲孩子拒絕合作的各種行為表現方式比例圖

語言方面

四歲孩子喜歡語言。他喜歡說話、押韻、耳語、唱歌，甚或大喊大叫。他是自己任命來評論自己的人，而且時常也是自己的聽眾。他喜歡「話」，喜歡試著把它說出口，喜歡「玩」話，喜歡新的不同的話，喜歡用話來做好笑的事，甚至喜歡對著玩具說話，特別是在它沒按照他的話做時：「你這笨紅球。」「你這蠢木塊。」

他特別喜歡「大」這個字。如同我們已經提過的，四歲孩子是天生的愛吹牛：「和山一樣高。」「五百萬年。」「和世界一樣長。」事實上，他的這些不實的吹牛，可能會被父母看成「說謊話」。

大部分的四歲孩子說話時，都能把語音用得相當好。有人估計，大多數說英語的美國兒童，在這時候會用百分之九十的美國英語母音。

這時候，孩子的字彙迅速增加。有人估計，一般四歲孩子所使用的字彙，可能多達一千五百五十個字；大部分四歲孩子也都能自由自在地把自己的意思表達得很好。這時，他們比以前更喜歡故事書了，念給他聽的時候，他會看著書，甚至問起某些字怎麼念。他甚至會在看電視時，出奇不意地說出字和數字。不過，要是他沒這個能力，也不用擔心。

四歲孩子實在不「需要」認得字和數字，不過，在他快五歲時，會十分自然地對寫字感到興趣。甚至，很多孩子還能把自己的名字寫出來。

句型構造、文法的使用，以及正確的時間副詞的表達，都在進步之中。如同羅莉（Laurie）和約瑟夫，布萊格（Joseph Braga）所指出的：「兒童並不靠模仿大人來學習說話。他們聽大人說話，學習規則，然後，根據他們當時學到的那些規則，組成自己的句子。孩子似乎天生就在體內裝有語言學習機，能從聽到的話裏面，學到語言的若干規則，甚至連所犯的錯誤都是有系統的。」

例如，在他們開始學怎麼表示複數的規則時，以前會用正確的複數來表示很多「老鼠」和「腳」的孩子，現在，他反而會用錯了，這就是所謂的過度「規則一般化」，這也是成長的表徵，表示他們正在學習那些規則（編者按：在英文文法裏，提到Mouse和foot 的複數時，字尾並不需要加es或s，而應該是mice和feet，但孩子正在學習時，很容易會把『複數時，字尾要加es或s』的規則一般化，因而造成錯誤）。將來，他們會學到這些規則的例外情形（當然，他還是從聽當中學來的，而不是透過課本），正確地說出「老鼠」和「腳」的複數形。

所有這些事情都會在適當時候出現，有些孩子（尤其是男孩），會學得比別人慢一些。請你把這些過渡現象當成是成長的一部分，如果到了五歲或六歲，還沒有進步到普通孩子的程度，你才必須擔心。重要的是，不要糾正孩子的語言。「害怕說錯」會給孩子帶來焦慮，甚至可能造成他說話結巴，或者一句話也說不出來。假如他說錯，你可以回答他，或者把他說過的話正確地重說一遍，但是，不要強調他所犯的錯誤。

四歲到五歲之間，大多數的孩子都學會發出比較難發的語音，這時他所說的話，連外人也大部分都聽得懂。

這個年齡的孩子最喜歡發問。「為什麼？」以及「怎樣？」問個沒完沒了。孩子之所以會這樣，一方面是為了追求知識；另一方面也可能只是為了好玩，想讓對話持續下去。有時，卻是為了反抗，例如：「為什麼？」意思就是說：「為什麼我必須要？」雖然如此，這個字眼還是最常用於追求知識，像：「風為什麼會吹？」「太陽為什麼會發光？」「為什麼會下雨？」

由於這個年紀的小孩好奇心很難滿足，求知欲又極為強烈，所以，只要你認為他的動機的確出於好奇與興趣，就要儘量回答他的這些「為什麼」。如果他利用「為什麼」來拖延或拒絕，就要立刻打斷他的話，不用遲疑。

四歲孩子不但會要求大人告訴他一些事情，他也喜歡告訴人家一些事情。不但對小朋友，就是對大人，他也一樣有好多話說。他喜歡對外人提家裏的事情，尤其喜歡提到媽媽的事：「我媽媽有個全新的洗衣機喔！」他喜歡告訴人家事實：「狗可以跑得很快。」「鉛筆是個普普通通的東西。」

有時，他也會說些感人的貼心話，就像有個小男孩對他的老師說的：「你知道嗎？我時常想到你，你可以來我家，我們可以一起玩球。」

現在，許多話他都能夠運用自如了。「會話」確實豐富了他的生活以及他和別人的關係。

在四歲的時候，大部分孩子甚至能告訴你某個字的用法、替這些字下定義。因此，他們會告訴你：「蘋果是拿來吃的。」「大衣是拿來穿的。」大多數孩子也都知道「正在……」「在……裏面」，或「在……旁邊」，以及「在……上面」等。他也會跟著你複述一個簡短的句子；會從一數到十；他也可以執行一些比較複雜的任務，像：「把門關上」、「把書本放在椅子上」、「把鑰匙給我」等。

四歲孩子通常對部分跟整體的關係已有足夠的了解，他因而能告訴你某個尋常物品缺了某部分，例如：大衣缺了一隻袖子，桌子或椅子少了一條腿。他也能告訴你日常用品是什麼做成的，例如：椅子是木頭做的，窗戶是玻璃做成的。在四歲到五歲當中，一般孩子都能正確地說出紅、黃、藍、黑四種基本顏色。

大多數的四歲孩子也能正確地回答諸如：「哭是什麼？」「什麼是游泳？」「睡覺是什麼？」「咬是什麼？」等這類的問題。而且回答像：「如果你丟了東西，你該怎麼辦？」或者「在穿過街道以前，你該怎樣？」這類問題。

大多數四歲孩子的語言能力已經大有進步了。

第五章　四歲孩子的慶生會

四歲，是最有利於參加或舉行慶生會的第一個年齡階段。兩歲孩子並不太清楚慶生會的意義是什麼。是蛋糕、冰淇淋，還是客人？三歲孩子多少有點喜歡慶生會，因為這樣就可以跟小朋友玩一個下午。他似懂非懂地知道，慶生會就是一件和平常不一樣而又新奇的事。不過，這也只是近於了解而已。四歲孩子則可以說是個舉辦慶生會的理想年齡。四歲孩子有無窮精力、熱情洋溢，對新鮮刺激的事有無盡的胃口，他就是「喜愛」特殊場面！

四歲孩子雖然有時熱情過度、不守規矩，但是如果真的很好玩而又順著他的意，他的確也能合作。他往往極度重視大人的關注，他全心全意，積極投入為取悅自己而訂下的各種計畫。

要是你有時間、精力、善意和想像力，要取悅一個舉行（或參加）慶生會的四歲孩子，是件容易的事。他往往沒有什麼意見，就接納你所提議的遊戲、所準備的食品、所給的驚奇禮物。一個五歲孩子也許說：「喔！我要其中的一個。」十三歲孩子可能嘟著嘴說：「唉！我只想要其中的一個！」但四歲小孩不會如此，他需要的是和平常不同的東西，或新鮮的玩意兒，簡單的紀念品或吸引人的裝飾，他就滿足了。

要維持四歲孩子在慶生會中的秩序並不難，了解這個年齡孩子的媽媽曉得，慶生會不是個要求四歲孩子與人分享、行為規矩、關心別人的地方。吵架發生時，應當儘量不著痕跡地迅速予以解決，把吵架的孩子帶開一個，或拿另一個不同但孩子能接受的玩具，給他們其中的一個。

成功之鑰

「迅速、簡單和新奇」是慶生會成功的關鍵。「迅速」是必要的，因為四歲孩子的反應很快，假如聚會拖拖拉拉，或時間延續太長，他們很快就會厭倦。「簡單」也是必要的，這個年紀的孩子還未成熟到可以了解或參與複雜的遊戲。加上一些「新奇」的成分是必要的，因為四歲孩子不像三歲，他們對於「慶生會」是什麼，腦中有個概念，他會預期慶生會中會有玩以外的新奇東西出現。

●小客人人數

六～八位客人是個理想數目，多邀一兩個也許較有保障，因為受邀客人當中，往往會有偶發事件使他們來不成。有的孩子也許由於興奮過度而生病了；有的媽媽也許找不到人來托嬰，因而無法帶他來；也有的是因為其他困難阻礙而不能來。

● **大人人數**

小主人的媽媽和一個幫忙的大人就夠了。當然，有一兩位媽媽也許需要留下來，和在三歲時一樣——特別害羞或特別有攻擊性的孩子的媽媽，以及基於其他理由需要在場的媽媽，都要留下來。

節目安排

通常，一個半小時就很足夠了。理想的時間則是從下午三點半到五點（定這個時間是，讓仍然需要午睡的孩子能事先小睡一下，而且，不至於太靠近晚飯時間）。

● **三點半到四點十分：**

客人抵達了，並且玩玩具。這時，家長帶來（或者早先帶過來）一些給每個小朋友玩的東西（除了主人家裏提供的之外）。因此，在這個階段，客廳有點像幼兒園的活動室，有各式各樣的玩具，包括：大汽車、火車、木馬、洋娃娃和嬰兒車、填充玩偶、積木、大型音樂陀螺等。小朋友通常都各玩各的，等到禮物一來，小主人就打開。

●四點十分到四點十五分：

小朋友進入有點心的房間。發給每個孩子一份紀念品（例如：消防人員的頭盔和徽章）。可以事先把紀念品放在桌上，等每個小朋友走進餐廳時，就發給他們。

●四點十五分到四點四十分：

點心和紙巾、盤子、鮮艷的杯子等，已經事先安排好，放在桌上，並且在桌上放些新奇的小玩意兒（例如：小型玩具煎鍋，上面擺滿糖果）。汽球事先吹好，掛一堆在牆壁上，等慶生會結束時，送給小朋友。

點心可以包括一些簡單的小型三明治（愈小愈好，不過形狀要有趣）。小朋友吃下幾小片三明治，總比一大個只吃一半好。要不然，也可以只給冰淇淋、蛋糕和牛奶。一個杯狀冰淇淋蛋糕可能較適合孩子吃，不過，中間還是應該有個大蛋糕，上面插上四根蠟燭。

● **四點四十分到五點：**

非正式的遊戲階段。小朋友在客廳玩玩具和汽球，玩得興高采烈，也許可以把玩具堆到客廳四周，以騰出空間來一起玩汽球。

如果小朋友都超過了四歲，這時可以教他們玩一些有點組織性的遊戲，例如：歌唱遊戲、玩樂器、遊行，或扮演遊戲等。這時候也是分送紀念品的良好時機，把它們分別包裝，放進一個大型布袋，讓小朋友輪流伸手進去拿，他們拆開來後就能玩。好玩的紀念品包括：小型動物或人物、附有橡皮筋的小球、玩具手錶、玩具戒指、消防車等。

● **五點：**

告別。已經在場的媽媽可以先帶著孩子離開，其他的則等媽媽來接。要留意的是，在慶生會結束時，大部分小朋友都累了，情緒較不穩定，容易激動，因此，也許要早作安排，讓媽媽早些來，等慶生會一結束就可以接孩子回家。

●費用

慶生會並不需花費太多，紀念品、點心、汽球，全部大約臺幣數百元左右。

●注意事項

請記住，你只能期望辦個小型的團體活動。就大多數四歲孩子來說，非正式的個別遊戲比有組織的遊戲好。事實上，就連教他們玩簡單的遊戲也都不必要。如果一定要玩遊戲，繞圈圈的遊戲會比像「貓捉老鼠」這類複雜的遊戲來的妥當。

慶生會中，每個小朋友都可能認為這是「他的」生日，或者希望那是他的生日。因此，可能所有小朋友都想去吹蠟燭。如果除了小主人之外，有那個小朋友最先去吹，你只需要再把蠟燭點燃就是了。

這種場合差不多都會出現一些哭哭啼啼、打翻東西、糾紛或吵架的場面。你要特別留意，別讓慶生會延續太久。四歲孩子容易因疲倦而變得情緒激動。

至於紀念品和禮物，不要準備吹泡泡這一類的東西，因為小朋友都會往別人臉上吹。也不要把紀念品、驚奇的小東西、帽子等全擺在點心桌上面，否則會弄得亂七八糟。你可以在慶生會當中，分次發給他們，不要一次就發完。

第六章　生活常規

飲食

大部分四歲孩子都能自己吃飯。他們自己吃的能力很好，不用為它花太多心思。有的甚至還會邊吃邊說話。當然，有的還是不行，因為說話一定會妨礙到吃飯。

如果孩子不斷地說話，干擾到大人用餐的樂趣，有些家庭仍然覺得，最好還是讓孩子先吃，不要和家人一起進餐。要是讓他和大家一起用飯，在吃完飯以前，他老早就坐立不安了，因此，不必等到大家一起吃完，他可以先離席，去洗澡。

對於他「吃什麼」，你不妨放鬆心情。除非由於過去不當的管教，造成了餵食上的問題，否則，不用太過緊張。不過，仍然有很多家長擔心孩子吃的「量」。請記住，四歲孩子的胃口仍然還只是平平，得要等他步入五歲時，胃口才可能增加。四歲孩子拒食或偏食的情形不再像以前那麼固定，不過，他仍然可能繼續偏食（一再堅持要吃某種食物，或者拒食某類食物）。

四歲半以前，大部分的孩子都能從水瓶中倒出開水來，而不會溢出，大多也能很快地把水喝下去。

有的小孩單獨吃飯容易磨菇，吃上半天，即使這樣也不需要餵他，只要鼓勵他吃快一點就可以了。有時，不妨給他一些鼓勵，像：吃飯才能長大、和小寶比賽、在某個時間內吃完才有甜點等。但是，一般而言，哄他吃飯的花樣越少、越不強調越好。假如孩子認為，他們吃飯對媽媽是件重大的事情，那麼，他就可能使用這個似乎是你給他的權力來要求你。通常，你表現出一副不在乎的樣子，最能奏效。

在四歲半之前，孩子不但能自己吃得很好，甚至還能幫忙把餐具擺放在桌上。

雖然，詳細討論飲食與健康問題不在本書範圍之內，而且我們也不願讓家長過度擔心飲食的種類，不過，我們仍想提出一項警告——你的孩子最愛吃的食物當中，有些可能對他有害的。

如果，某些食品會令孩子的胃不舒服，或者使他立刻吐出來，你一定要避免這些食物。但是，如同兒童行為醫生所指出的，許多對孩子個人有害的食品，也許現階段看不出對身體有害，可是卻可能對他的「行為」造成嚴重的影響。

食物、飲料，甚或吸入肺部的東西，可能造成潛藏的過敏症，這些毛病會接連地引起極度偏差的行為。對某些孩子而言，暈眩、無精打采、疲乏、急躁、暴烈，以及過分好動，這些都可能是他們最愛吃的東西所引起的。

醫學報告也不乏這方面的驚人例子。例如：有個五歲男童，兩年來，原本一天褲子要尿濕好幾次，而且夜裏還要起床幾次，這種泌尿問題以及其他過度好動的症狀，在他停吃蕃茄之後就消失了。不幸的是，這個例子中的男童和很多孩子一樣，就是很想吃那個對他有影響的食物。兩年來，他每天中午喝蕃茄湯，而且一口氣還能吃下五或六個成熟的蕃茄。再給他蕃茄時（當做試驗），他的症狀又來了，而當再次把蕃茄從他的飲食中除掉時，症狀就又消失。

換句話說，有害的食品，特別是加了人工色素及香料的，即使不會造成真正的過敏反應，卻可能引起暈眩、無精打采、疲憊、急躁、暴烈和過分好動，以及發生在學齡兒童身上，通常稱為「學習障礙」的問題。

假如你的孩子看起來既健康又快樂，而他的行為也能令你和他都滿意（也就是說，如果他在重要的方面表現都不錯），你就可以不必為這種事憂心忡忡。但是，如果他的行為在重要方面都令人失望或不滿意，而你又找不到原因，至少要考慮到一個可能：在他的飲食中，也許有某個東西正是問題的根源所在。

睡眠

多數四歲孩子的睡眠習慣都比較不複雜。事實上，有的似乎還知道自己什麼時候累了，甚至會要求上床睡覺。和他小一點時一樣，四歲孩子喜歡一些特別的關注，像：要媽媽念故事給他聽，或者在床上唱唱歌。也會喜歡帶著書或蠟筆，一個人在床上躺半個小時，或是抱著洋娃娃或玩具動物入睡。

對許多四歲孩子來說，最明顯的一件事是，他已經夠大，應該有權睡一張大床。家長要是太早把孩子從嬰兒床移到大床（例如：還在兩歲半時，特別是在有了新生兒的時候），那就會給自己製造就寢時的問題。此時，若有兩張嬰兒床，一人一張，就比較妥當了。

家長可以利用給四歲孩子換大床睡的重要經驗，讓孩子潛移默化，把一些較幼稚的行為（譬如：搖嬰兒床、尿床等）戒掉。同時，一張可愛、舒適而又寬敞的大床，的確能誘使他喜歡上床，並且有空間讓家長在念故事，或者祈禱時，和他一起躺下來。

四歲孩子通常在八點或八點半就寢。如果孩子會看鐘，那麼，讓時鐘告訴他上床時間，他對這個事實的反應，會比由媽媽來告訴他該睡了來得好。

少數孩子不但需要有個就寢時間，並且也要有個熄燈時間。沒有這額外的幾分鐘讓他安靜地躺在床上，他可能會很吵。

大部分孩子都睡得很好，只有在必要時，才會在半夜起來上廁所，有的可以自己起來；有的則需要家長的協助。另外，有些孩子不喜歡被叫醒，那你就要去擾動他。四歲並不是個很容易做惡夢的年齡，可是，有的確實經常做惡夢，特別是在四歲半左右。

很多孩子要睡十一個鐘頭，甚至更久一點。如果睡前已將晨袍和拖鞋放在他床邊，這年齡的孩子醒來時，會自己穿上它們，自己上洗手間，然後，會在自己房間內玩，直到要進父母房間的時刻到來。很小的幼兒在醒來後，根本就不會躺在床上。到了三歲，他們「可能」留在床上，直到你告訴他該起床了。到了四歲，很多會等到某個時間（時鐘上說幾點幾點了）才起床。

少數四歲孩子仍然需要午睡，但大部分都只是假裝午睡，甚至不午睡。男孩比女孩更可能在午睡時間小睡。即使他不想睡，也會躺在那裏假裝午睡。對家長和孩子來說，午睡時間是挺受歡迎的一種變化，彼此都能藉此休息一下。

給四歲孩子一個白天作息時間表，時常有好處，事實上，許多四歲孩子都喜歡你給他定個常規或作息表。他們似乎想知道下一步要做什麼，這樣，他才能預期它的到來。

大小便

四歲孩子大部分的大小便都很順利。大多數在白天都不會尿濕褲子，而且自己能處理這件例行的事。如果「意外」發生，那也只是因為他不想中斷遊戲，一直延到太遲了才跑去上廁所。如果這種事一再發生，媽媽最好在這方面負起責任。你可以隔一段固定的時間，就看看他有沒有進來上廁所。如果孩子不願這樣，你可以告訴他，在你認為他該進來時，你就會提醒他。

很多四歲孩子會要求上廁所時得極端地隱密，但他對別人的上廁所卻非常好奇。他們對陌生的浴室也很好奇，在拜訪人家時，很多小孩都執意看人家的浴室。

在戶外玩耍時，特別是如果沒有大人看著時，男孩子可能喜歡當著別的小朋友的面小便，而且還就這個動作說上半天的話。

四歲的孩子如果半夜被叫起來上廁所，大多數的孩子就能整夜都不尿床。不過，小孩夜間會尿床並不是一件不尋常的事，用不著太擔心。然而，如果半夜已經叫起來上廁所，卻仍會尿床，那麼，你最好幫他把尿布包上。此外，你不要太過批評他這種不成熟的行為。

事實上，許多發育正常的男孩或女孩，通常都要在六歲或更大以後，才不容易在夜間尿床。因此，你如果知道現在有一些效果好、價格合理的控制用品，在很多情況下，它可以教你的孩子在幾週之內不再尿床。

大多數四歲孩子的大便習慣也相當固定，都沒有什麼問題。一天一次，時間大約是在早飯或午飯後。不過，也有的一天多於或少於一次，或者大便時間不正常。

和小便時一樣，大部分四歲孩子認為這是個隱私的動作，通常會要求把廁所的門關起來，甚或鎖起來。

不幸的是，有少數男孩在這方面跟不上標準。他雖然小便沒問題，但是在大便方面卻好像沒有什麼進步，他不願意使用排便的椅子或馬桶，而大便在褲子裏。

這種不成熟的行為往往造成親子間的關係不佳。「需要」控制媽媽的男孩認為，這是達到目的的一個辦法，因為大多數的媽媽幾乎都會中斷手上的任何事。

有的媽媽認為，解決這個問題的一個方法就是，要兒子洗自己的內褲。對某些孩子來說，這種要求他「清洗內褲」的懲罰方法，並不會有什麼顯著的效果。

也許我們推薦了很久的一個方法較為仁慈。在你和小兒科醫師談過，了解孩子這種遲緩現象並沒有任何生理上的原因之後，我們建議，在一天中，你料想他快要排便的時刻，讓他脫下褲子在浴室裏玩（如果他的排便時間還未固定，你就該承認你還有待努力了）。

把一張報紙放在浴室的角落，告訴他，當他準備要大便時，可以蹲在這張報紙上。他常常只消在幾天之內就能做到這個地步（大部分要幾個星期）。一旦他能做到這樣，經常只要再一小步就能讓他使用幼兒專用的小馬桶（最好是跨坐式，或是坐椅式的）。然後，你要從這種演變到大人用的馬桶，通常會很容易。

洗澡

四歲這個階段，洗澡是件容易的例行工作。只要媽媽一個部位、一個部位地告訴他那裏要洗，他就經常能把自己洗得很乾淨。否則，他容易單單在身上某一部位磨菇，一次又一次地洗同樣地方。

這個年紀的孩子大多能把浴缸內的水放掉，並且還會「自動」清洗浴缸（雖然洗得並不乾淨）。此外，他也能把自己擦乾（當然，也擦得不太乾）。大部分還能做必要的手腕及手部動作，像：好好地刷牙、梳頭、清洗、把手和臉部擦乾等。現在，他能自己洗臉，不會把肥皂沫濺到衣服上。

如果作息時間許可，你可以把這個年齡的洗澡時間移到晚飯以後，因為這個時候孩子比較不累，可以好好地替自己洗澡。

穿脫衣服

這個年齡的孩子經常不用你太多的協助，就能自己穿衣或脫衣服。不過，你也許需要把他的每件衣服前後方向擺妥，因為少數四歲孩子還不太會分辨前面或後面。如果有那件衣服，孩子自己穿有麻煩，害他氣呼呼，你以後要他自己穿那件時，可要未雨綢繆，先想好那件衣服，孩子怎樣穿才能穿好。或者，你要自問：「那件衣服為何這麼難穿？是不是不合身了，或者不必穿呢？」

至於扣上釦子，那可能特別不容易做（即使大部分孩子現在都能輕而易舉地解開釦子）。幸好，由於有了新式拉鍊，需要扣上鈕釦的情況比以前少多了。

許許多多的孩子在三歲半時，很不容易讓人替他把衣服穿好，因為他們又拒絕又反抗。四歲孩子通常喜歡自己穿衣服（他經常以自己越來越能幹為榮），並且喜歡在限定時間內穿好，要不就是跟別人比賽穿衣服。

大多數的四歲孩子都能分辨前面和後面，會扣上某些釦子，會將鞋子正確地穿在腳上，甚至會繫上鞋帶（當然，也有的孩子老是穿錯了腳，卻也不覺得他這樣有什麼難過），有的能在鞋帶上打結，但是還不會打蝴蝶結。

無論男女孩，四歲孩子「喜歡」在玩耍時，穿上大人的衣物（帽子、鞋子、皮帶、圍巾、裙子、皮包等），來打扮自己。

情緒表現

四歲孩子似乎比三歲半時不容易緊張。他比較沒有臉部抽動，比較不會結結巴巴地說話，也較不會眨眼睛，甚至比較不會吸大拇指。不過，很多仍然會吸大拇指，尤其在入睡前。現在，有的孩子已不用那些給他們安全感的毯子，不過他們可能還是會抱著喜愛的填充玩具不放，有的則用咬手指頭和手來代替吸大拇指。這些行為不但在私底下，還可能在大庭廣眾之下（像在幼兒園的故事時間內），表現出來。

四歲孩子如果覺得緊張，比較可能用大而粗野的動作表現出來，像：跑步、踢打、大吼大叫等。生殖器一帶比臉部容易感受到緊張，因此，男孩在焦慮或興奮的時候，可能抓自己的生殖器。

男孩和女孩在社交場合，或是其他興奮、緊張的時候，都想要上廁所。這種需要是真的，應當予以尊重。有的在必要的社交場所，的確會意外地大小便。少數可能感到肚子有緊張性的疼痛，偶爾也真的會因為興奮而胃痛。

四歲孩子覺得緊張又興奮時，他可能只是用一般的過度活動，像：到處跑叫、快速說話，或是粗野的行動來表達他的感覺，而不是用以前吸吮大拇指、撫弄毯子，或是擠鼻子、眼睛等動作來表現。

健康

大多數四歲孩子的健康情形都很好，不過，少數似乎整個冬天都在感冒，一次接一次。如果這些感冒是因為上幼兒園才惡化，那最好讓孩子在家休息一陣子。這個年紀的孩子要是跌倒（他時常會如此），往往都是臉部朝下，很可能跌斷前面的牙齒（年紀更大點時，他似乎更容易跌斷鎖骨或手臂），你得特別留意。

第七章　心智能力

我們常常聽到有人談論學齡前兒童的心智發展或認知訓練，對於這些論調，你可不要太過敏感，也用不著特別費心在這方面。

你會發現，稟賦正常的四歲孩子，是個具有強烈好奇心、奔放想像力和美好創造力的人。你會想去回答他所問的許多「為什麼」，並且想鼓勵他運用想像力和創造力。對於有人時常提出的「父母得訓練孩子某某活動，以增進其智能……」等說法，你可別太過信以為真。

尤其是，不要以為你「應當教你那個學齡前的孩子閱讀」。我們希望，你念書給他聽，而且多念一些，引導他自己也喜歡閱讀。假如他偶爾有一點進步，並且已經在問某些字是什麼意思，或者想把字寫出來時，你要應他的要求給予協助和鼓勵。

「但是不要去逼他」。他是不是在三歲，或四歲，或五歲，或六歲，甚至七歲才開始閱讀，到頭來實在沒有什麼差別。假如你的孩子在很小的時候，就自然而然地對字和數字感興趣，對他來說，是件好事，但並不就此意謂著對他和對你是一種殊榮。如果他靠自己或者經由某些電視節目的刺激，很早就開始會背誦或者說出某些數字，那就讓他順其自然吧！他醉心於這個活動，但不必當它是可以提早上幼兒園的徵兆。

事實上，你不用為孩子所謂的「認知發展」過於擔心。近幾年來，心理學家和教育家差不多都好像才發現孩子的心智似的。他們給大家一個很深的印象，認為你應當「教」孩子思想；而且，必須給予各種技巧及教材，藉以培養孩子的心智。其實，並非如此！

因此，你不要認為，為人父母的你「應當」為孩子的心智生活做一點特殊的事。阿諾．吉塞爾博士（Dr.Arnold Gesell）很久以前就說過：「心智是自然流露的。」孩子的心智不是和他身上的其他部分分開的。除了像吞東西或呼吸這類純粹的反射動作以外，他所做的其他事情，幾乎都有心智的自然流露。在他跑跳和攀爬的時候，在他喊、笑和唱歌的時候，在他和玩伴或是想像的朋友玩耍的時候，他的心智就自然流露了。不管他是繪畫或擲球，他也是以動作表現出他的心智活動。

事實上，孩子所做的每件事情，幾乎都是他心智活動的反映。因此，他用不著在上幼兒園以前，就以認字來向人表示他的心智活動正常。假如你的兒子或女兒有良好的潛能，假使你也在合理範圍內給他一個活潑而豐富的環境，再加上你的愛心和關懷，他的心智應該是會發展不錯的！

不管孩子幾歲，你都不必要特別注意去教他「思想」。假如你給他一個尋常環境，裏面有一些肯與人分享、表現出興趣而又友善的人；數量合理的書本、玩具和創造材料；尋常次數的遊戲、遠足和愉快的遊覽活動（這些都是一般家庭生活的屬性），他就會像成長與呼吸一樣，自然地學習。

在這兒，容我們給你一個特別重要的警告。幼小的四歲兒在正常的成長過程中，很快就會長成五歲，轉瞬間，他們就要踏上開始上幼兒園的重要一步了，這時，你就要為他們考慮上學的問題了。

然而，就在這當兒，有太多太多的家長犯下一個要命的過錯。這個過錯使許多孩子在未來的歲月中，學校成績不如意，而且還可能留級，或者至少學業有困難。這些結果的起因皆是——家長太早讓孩子上學了。

不管你們那一州的法律規定怎樣，我們比較希望根據孩子的心理年齡，而不是根據歲數或智力程度，來決定孩子何時該開始上學，以及將來的升級。

決定孩子何時就學的理想因素，是他在行為上的心理年齡，不是他的生日年齡。因此，也許你的小孩今年九月就六歲了，也許他的智商無疑是高的，不過假如他的行為只在五歲程度（可以用簡單的行為測驗測定），那麼，他最合適的是上幼兒園，和其他行為跟他同一程度的小朋友在一起，而不是上小學一年級。

如果你那裏的學校制度不實施「上幼兒園前的評選辦法」，而你又無法找出孩子的行為程度，就只能按照他的真實歲數讓他上學了。

果真要這樣，我們力促所有的家長一定要讓孩子年齡較大一點時才就學。而男孩通常成長速度比女孩慢，因此，最好是女兒在九月開始上幼兒園以前滿五歲，而兒子最好滿五歲半。

全國各地的老師及行政人員告訴我們，「秋天的寶寶」——也就是，在開始上幼兒園之後，秋天就是第五個生日到了的孩子，是最教人頭疼的。他們不僅在上幼稚園時有麻煩，雖然我們認為，培養或改善孩子的心智，不應該是你要十分關切的事情，可是可以理解的，許多家長對於任何一個孩子的思想成長過程都有興趣。

因為這樣，我們要在這裏給你幾條線索，告訴你一般四歲孩子對於時間、空間、數目的概念、創造力和幽默感，是怎麼樣發展出來的，又會達到何種程度。

時間概念

四歲跟以後的年齡比起來，雖然還是顯得稚嫩，但是，說到時間概念，一般四歲孩子則是個相當老練的人。

四歲孩子在語言表達上，對於過去、現在和未來，似乎差不多同樣熟練，像「天」

這個普通的時間字眼，他都可能會用在許多不同的詞語變化上，例如：「今天」、「這天」、「每天」、「改天」、「一天一次」、「明天」。

概念化的時間用語，像：「一個月期間」、「一天一次」、「通常」等這些較為複雜的字和片語，他也運用自如。

許多含有「時間」這個字眼的複合字，如：「午餐時間」、「晚餐時間」、「有時候」、「一次的時間」、「同時間」、「很久的時間」、「我們沒有時間」、「時間到了」，甚至像：「春天」「夏天」「冬天」等這些廣泛的概念化的用字，他也能用得十分流暢。在提到事情的前後關係時，他還會正確地把四季加進去：「明年夏天」、「去年夏天」、「今年冬天」，而且都用得正確無誤。

就「分鐘」來說，四歲孩子不但能說，而且也能做到「在一分鐘之內」，甚或「在五分鐘之內」、「這會兒」、「一分鐘以前」、「就再幾分鐘」。

「星期」和「月」也一樣用得很正確，例如：「下個星期」、「改在某個星期」、「下個月」、「一個月期間」、「一個月之內」。「晚上」和「早晨」也流利地表達在許多情況，例如：「深夜」、「清晨」等。

四歲孩子已經開始掌握季節的意思以及與季節有關的活動。

大多數四歲孩子對於一天當中事件發生的時間，以及彼此間的關係，似乎有著良好程度的合理理解。

四歲孩子不但能告訴我們，聖誕節要怎麼慶祝，而且也能說出過年前夕要做什麼。不過，大部分四歲孩子仍然無法說出他們上床、吃晚飯、起床、或上學的時間。

雖然大部分女孩在三歲半以前，就能正確說出自己的年齡，可是大部分男孩卻需要到四歲才能有這種正確的反應，而且大多數經常用四個手指頭來表示。一般而言，四歲孩子通常還不能說出自己的生日是什麼時候。

空間概念

四歲孩子的空間世界，和他生活中其他方面一樣，都在擴大之中。這個年紀的特色是，會使用表示廣闊空間的字眼，而這些字眼正是四歲孩子不守規矩和性向開放的特徵之一。其中，有些字眼是以前就用過的，不過，在這個年齡，以整體來看，下面這些字是特別值得注意的：「在……上面」、「遠離」、「出去到……裏面」、「一路上到那裏」、「一路走上去」、「往下到……」、「遙遠的地方」、「出去」、「離開」。

「在裏面」、「在上面」、「向上到……裏面」、「在……地方」，和「向下」，可能是他最常用的空間字眼。當孩子在運動場攀爬的時候，他就在體驗這一切空間上的變化。這也許是四歲孩子很喜愛攀爬原因。

四歲孩子經常使用「在後面」這個字眼，這顯示他有一種新的空間感。四歲孩子常常很注意事物的背面，他希望書本不但有前面，還要有背面。因此，假使他的書封面上有一間房屋，他就料想這間房屋的背面一定在這本書的後面。

他對於自己的背部特別有興趣，希望能用特殊的鏡子看到它。有兩個四歲孩子迷上電視上一個名叫「大衛，布林克萊」的演員。當他們看到他時，都只看到他的前面，其中一個就說：「我爸爸說，大衛．布林克萊有背部，和我們一樣。」

大多數四歲孩子都能說出他們住在那一條街，以及那個城市。他們已可以把球放在椅子的「背面」、「前面」、「下面」，以及「上面」了。

數概念

一般四歲孩子能用手指頭正確地數出三個東西。據說，很多還會數到十。不過，他們也許是從比1大的數目開始數起。四歲孩子在口頭式的數法（亦即背誦式數法）方面的能力，確實超過真正數東西的能力。

有的孩子受到電視的刺激，能用強記的方式學數，甚至可以數到十以上。不過，就大多數情形來看，這並不表示他真正了解數目的意義，或者能夠數真實的東西。

他們的雙手至少提供了十個單位。就讓他們隨心所欲的運用自己的手指頭吧！這是讓孩子自然學習的方法。

四歲孩子也喜歡像四十四、六十六、或七十七這些由同樣數字組成的數目。他們也喜歡一些含有數目的遊戲，像丟擲沙包等。

幽默感

典型的四歲孩子是個好玩的幽默家。從捧腹大笑到神祕而害羞地眨眨眼，這些幽默的表現法全都被他掌握到了。

沒有人比他更能意會你的幽默，因此，趁他還十足地欣賞你的幽默時，好好享受一下，享受一下孩子的幽默以及他對你的欣賞吧！

四歲孩子喜歡好笑的言語、喜歡荒唐的話、喜歡想像的東西，就算他並不很明白你開的玩笑的意思，他也很喜歡你的「幽默」。

當你領會「他」的意思時，他特別欣慰。

好笑或好玩的書是他最欣賞的了，而且也是你們能一起享受的東西。

四歲孩子仍然保有他在兩三歲時的那種懂得幽默的能力——鞋子穿錯腳、毛線衣的袖子黏在一起、帽子前後戴反了。不過，這時的他同時也加進了一個比較特別一點的幽默度。當他隨興之所至說故事時，就會說些在他眼中好玩的事情。例如：

有輛汽車走錯了路。他撞壞天花板。他吃掉他的門和他的整間房子。他吃掉自己。他吃掉全世界。

我做了一個好笑的夢，夢見怪手說話。

媽媽小丑來了。他們做些鬼臉。男孩找到另一隻猴子，然後猴子真的笑了。

在四歲半以前，大多數孩子的幽默並不會太過離譜。在典型的故事中，這個年紀的孩子告訴我們：

大衛的媽媽拉掉我媽媽的鼻子，然後，我媽媽又拉掉大衛媽媽的鼻子。

兔子，他跑了。他掉在陷阱中。他脫不出陷阱。哈哈！

那個女孩在看的時候搖頭。而樹也搖頭。全世界都搖頭。頭也搖頭。

四歲孩子很了不起的一件事是，從大人觀點來看，他偶爾也真的十分有趣。即使他說的話並不好玩，看他那麼陶醉在自己的幽默中，那麼想也那麼願意和人共享他的快樂和幽默，他的這分心意，不僅對他，連對你也是夠好玩的了。

編說故事能力

四歲孩子是個語言高手。他喜歡「聽人說話」和「自己講話」。然而，相當令人驚訝的是，你想讓他說故事，可能比就在幾個月以前的他難了。以前，只用幾句話，他都能快快樂樂地把「故事說下去」，現在，他對於所謂的「故事」，也許有點過敏，他會覺得要他說故事，是太為難他了。

這時，只要你給他一點點鼓勵就可以奏效。而一旦他開始說故事，就能滔滔不絕地說下去，而且，內容經常有令人意料不到的暴力情節。四分之三的男孩與女孩會在故事中表現出某種暴力——車禍、攻擊、傷害人或物。「跌倒」似乎是女孩最常說的一種暴力方式，男孩則強調破裂或東西摔壞了。

在四歲孩子編說的故事中，不僅有很多糟糕的事發生，對四歲男孩來說，這時期是在整個學齡前階段中，最不擅於用友善或慈愛為主題的年齡。

在這個年齡，和以前一樣，男女孩對於父母的情感表現，有著相當顯著的不同。男孩視母親為十分友善的人（他關愛他、撫養他、同情他、保護他），然而，女孩卻認為母親是個和她唱反調、管教她、處罰或傷害她的主要人物。在她眼中，父親反倒是友善的。

兩性之間另一個明顯的不同是，女孩在說故事時，最常提到的，是她的母親或者女孩子；男孩最常談到的則是男孩子。

擔心電視節目的暴力會影響學齡前孩子的父母可能會感到驚訝，幼兒在隨興編說故事（這個情形在我們有電視以前，老早就有了）所提到的暴力，時常可以敵過或者超過一個人在電視節目所能看到的最大量。

四歲女孩在故事中所提到的暴力，要比在其他任何年齡時（更大或以前較小時候）來得多。這時候，她的故事強調死亡、殘殺、被吃掉的東西，以及壓碎、掉落或被燒光的物品、小孩子把東西丟到垃圾筒、挨巴掌，或者摔成碎片等情節。

幻想占滿了整個故事，同時，很多故事情境已經離開了家或鄰近的社區，移至陌生或者遙遠的地方。一個四歲女孩的典型故事是：

一隻小鴨子，他掉進河裏淹死了。他媽媽過來把她的小鴨子撿起來，丟到垃圾桶裏去。然後，有隻青蛙過來把她吃掉。然後，這隻青蛙大得把每個東西都吃光，你知道他還吃什麼嗎？他把全世界一下子全吃下去。你知道他還做什麼嗎？他吃下她的門和她的整個房子。而隔天早上，你知道他還吃了什麼嗎？他吃下自己。

小孩子玩玩具時候，你不要去搶它。你吹的汽球，有時候它們破掉。如果螞蟻吃你的房子，而打破石頭，而且在樓梯挖洞，那是因為他們想住那裏，你無法進去那個房子。如果你吃東西時打破了碗，它們破了，你會挨打，你打破碗，而且割破皮，你會挨打。你拿到一根針而且把它刺進你的手臂，然後，你會流血。如果你摔書，一個你不認識的人會打你。

男孩也強調暴力主題：東西被燒光、摔壞，掉到河裏去；人被殺了、送去醫院；被踢了一腳、摔下來、被吃掉、受傷、被撞，或者死亡。和女孩一樣，故事主要是放在遠一點或陌生的地方，並且幻想蓋過真實。一個四歲男孩的典型故事是：

男孩被火箭殺死。然後另外一個男孩來了，也被火箭殺死，然後又有另外一個男孩來，也是被殺了。後來，另外又有一個男孩來，又被那個火箭殺死。然後，另外一個男孩和雪人來了，而且一個女孩也來。一個雪人上了火箭，被拖著走，然後飛開。那部車子壞掉。汽車被撞壞。它撞到一輛卡車。

一般創造力

有些孩子雖然天生就比別人具有創造力，不過，你仍然可以用許多方法激勵你那個狂熱、外向、自發自動、但有時卻容易激動的四歲孩子的創造力。

有的孩子甚至在兩三歲以前就可以讓人看出，他天生就是個聽者、說話者、觸摸者或動作者；他是否容易受到聲音、顏色或言語的影響。

有的孩子透過語言的組合，表現出最佳的創造力，有的是透過形狀和顏色的組合，有的則是透過觀念的組合，而有的是透過他們自己的身體動作。

莉莎．賴普曼（Lisa Liepmann)在她那本創意極高的書「兒童的感官世界（Your child's sensory World)」當中，提出下列幾個培養創造力的良機，也許你會有興趣參考：

主要是透過「聽」來獲取經驗的孩子，可能喜愛聽音樂，並且將來還可能喜歡創作樂曲。換句話說，他喜歡聽人家念書、說故事，然後說自己編的故事。他喜歡對著錄音機講話，或者玩各式各樣的語言遊戲。

主要透過「視覺」的孩子，將來則可能是個喜愛蠟筆、塗色、玩紙（尤其是彩色紙的勞作），以及剪貼的人。而他的小肌肉如果也有良好的協調能力，他就會喜歡按照創造性的圖案穿珠子，做成簡單的模型，或者玩樂高積木等。

假如，你的孩子是個「觸摸者」，從一開始，黏土和手指塗料就可能是他所喜愛的材料。而假如他是個「動作者」，那麼，舞蹈、到處跑、攀爬、搖晃、滑行，或是簡單的特技等，就可能是他所喜愛的表達方式。換句話說，他喜歡精細的活動甚於粗野的活動。在玩手指遊戲或木偶時，更能把雙手的運作和想像力結合在一起。

當然，這些只是任何一個學齡前兒童可能喜歡的許多事物當中的幾項。把許多不同種類的有趣活動混合為一，任何一個孩子都很可能在當中找到樂趣。

兒童專家和藝術家一致認為，假如你讓孩子享有很多的創作自由，這對於孩子的創造力有很大的鼓勵作用。孩子的藝術作品絕達不到「十全十美」的程度，而且也不見得會像他原先想做的東西。不過，大人能欣賞它，並且讓孩子自己也喜歡它，好處將會很大。

要孩子模仿模型，而且批評他的作品還不完美，會扼殺他自發性的創造力。所以，讓他以狂熱而欣喜的心情，透過任何媒介來表達創造力，顯然比製作某個特殊東西來得重要。

幼兒的創造活動主要是為了自娛，不過他也想讓周圍的人高興。當孩子只有四歲的時候，你給予他的稱讚與欣賞，簡直可以說多多益善。他喜歡自己做的東西，也喜歡讓你讚美他的東西。

一提到創造力，我們往往只聯想到塗色和繪畫。事實上，如同密爾頓・楊（Milton A. Young）在他那本「發展小孩的創造力」（Buttons Are To Push.:Developing Your Child's creativity）的書中指出的，孩子不但能用任何一種你想像得到的材料或器具去創造，也能不需任何材料，只用自己生動的想像力從事創造活動。有的孩子也許在和想像性的玩伴（人或動物）玩耍時，或者在他們自己把動物擬人化的當兒，表現出高度的創造力。

有些東西我們「一般」都認為，那是培養孩子創造力的良機。如果你希望給孩子這些機會，那你就給他蠟筆、紙張、手指塗料和紙，或者水彩和紙。到四歲時，他用這些製成的作品，有的會叫他喜歡，甚至也能讓你覺得有趣。用黏土做模型，同樣也是一個大家習慣用又討好的創造與藝術表現的媒介，木偶也是。

另外，還有許多方法可以用來激勵學齡前幼兒的創造力。下面是一些人推薦的特殊活動。

- 去散步，並且談些你們所看到的事物。
- 要你的孩子看雲，在當中尋找形狀。
- 一起賞鳥，試著說出鳥名，並且自己動手做餵鳥器及鳥屋。
- 畫一張藏寶圖，然後要孩子按圖尋寶。
- 玩打獵遊戲，以「冷」和「熱」做線索，看看孩子是愈來愈接近目的物，還是愈來愈遠離。
- 幫助孩子做筆記。內容可能關於鳥、花、車子，或者記一些你們一同參加的旅行和遠足。讓孩子從雜誌裏剪一些圖畫，貼進筆記本。然後，你依他的意思，把主題或題目寫在筆記本上。
- 要孩子畫一種地球上所沒有的動物，並且要他說明這種動物的生活方式。

• 把幾個日常家庭用品放進一個袋子，然後讓他用手去摸（不能看），然後說出每樣東西的名稱。接下來，就讓他編造一個故事，但同時要把袋子裏的每一種東西放入故事中。

• 玩一些簡單的語言遊戲，像：要孩子說出所有會飛的、所有紅色或綠色或藍色的事物的名稱，以及和某些字押韻的字。

• 要他不看某個東西而去描述它。

• 要他非常地安靜，然後傾聽他所聽到的聲音，並且告訴你那些是什麼聲音。

• 先寫下一首兩行詩，然後要孩子想出最後一個字，與第一行的最後一個字押韻。

• 向孩子提出一個簡單的問題，然後問他，假使這個危機（簡單的）出現了，他要怎麼辦。

其實，你用不著要一個四歲的小孩告訴你故事，甚或玩語言遊戲，也用不著像上面所列的，設計許多能激發孩子的情況。假使你有個具有想像力的孩子（四歲孩子好像都很富有想像力），而你自己也有那麼一點點想像力，那麼，只要你跟他隨便說說話，就能讓你們兩個都覺得好玩。四歲孩子的欣賞力很強，連不太具有想像力的成人都會受到極大的鼓舞。沒有幾個人像他那麼有欣賞力，能領會你那一點胡思亂想。

如果他告訴你，「黑騎士」有那些廣大的神通，你就問他曉不曉得「綠騎士」。如果你告訴他，壞心眼的「綠騎士」把某個小男孩的鞋子偷走，以致於他的父母以為他丟掉了，你的孩子一定很高興聽。

或者，假如他受過信教的爺爺、奶奶的教導，他也會告訴你，如果魔鬼毆打他，他要用他那把閃閃發光的劍把他殺掉。如果你告訴他，魔鬼並不以毆打來傷害小孩，他靠的是「引誘」的方法，這時，他會聽得很有趣味。那些引誘的事情足夠你們談很久，而且也會有所收穫。

你不需要玩具，甚至連書也不用，你只要有話——你和他都有興趣的話題，就能和活潑又有想像力的四歲孩子玩得很開心。每個家庭有它自己的特殊的想像遊戲。我們認識的一個男孩，游泳之後，常喜歡躺在沙灘上，全身覆蓋著毛巾，假裝自己是個蠶繭。當你輕輕地摸這個繭時，你會看到有隻「蝴蝶」像是要冒出來。開始時，他用一隻手臂和一條腿把毛巾撐起來，如果你靠近得太快，他就停止，然後把手腳縮回去。這個活動一再重複，直到終於有一隻美麗的蝴蝶神氣地出現了。（不過，你可得要當心喔！如果他願意，可能變成一隻有毒的昆蟲。四歲孩子是什麼事都做得出來的！）

最後一點，你也可以和孩子一起看經過選擇的電視節目，然後談論「這些節目」。不過，有的人也許並不贊成這樣的做法。

不論你選擇的是那一種，你要儘量不把這些創造活動公式化。讓情境保持變化，並且要很小心地掌握時間。當孩子的興趣減退時，顯然就是叫停的時候了。

第八章 個別差異

我們已經描述了四歲孩子可能會有的行為方式。可是，這並不意味說，所有四歲小孩都一定有這些行為方式。「每個小孩有他不同於別人的個性」，即使年齡、性別或背景一樣的孩子，他們還是有所不同。

有很多方法可以用來看個性，以及描述個別差異。威廉．薛登博士（Dr. William H. Sheldon）在他的「性情的種類（Varieties of Temperament）」一書中，提出「體型心理學」，並予以系統化的分類。在討論這些差異之前，我們仍要再提醒你：如果你想了解你的孩子是個幹勁大、精力旺盛，還是幹勁低而活力又有限的孩子，你可以從他是否可以集中注意力、專心於一個活動之中，或是，他在表面上本就不容易專心安定下來的種種特性上來判定。

他是個持續性強的人呢？還是個容易厭倦於任何一個工作或情況，迅速飛掠到其他事物的人？

他是個心裏有主見的人，還是個很容易受周圍的人或物所影響的人？他是個自動自發的人，還是你必須刺激他，他才會動？

他是個容易受自己的智慧所影響和控制的人，還是大部分依感情行事的人？——也就是說，你可以用理智吸引他，還是只能用感情打動他呢？

你的孩子是個很容易適應環境的人呢？還是環境需要去適應他？他的動作快，還是慢？他是個邋遢的，還是愛乾淨的人？他是個瞻前的，還是顧後的人？——也就是說，你是需要在事先就警告他，還是在最後一刻才開始行動？他是不是個完美主義者？或者，他是個粗心大意而又馬虎的人，只要隨便做做就很滿意？

這些只是幾個差異的向度，也許，你會想要從中分辨出你的孩子是屬於那一種類型的人。

要接觸個別差異這個迷人的領域，有一個系統化的方法，這是薛博士提出來的。他的「體型心理學說」強調，行為是體型的一種作用，只要我觀察孩子的體型，就很容易看出他會有什麼行為方式。雖然沒有一個人「完全」是某個類別，不過，人類的體型主要是由三種類型組成，而在大部分人身上，確實有某一種類型特別突出。

這三大類型是圓型、方型，及長型。圓型的體型是圓圓的、軟軟的；方型體型是方的、硬硬的；而長型是長條、脆弱精緻的。

圓型人：手和腿與軀幹比較起來，較短；手臂上半部又比手臂下半部長；手和腳都小而厚；手指頭很短。

方型人：四肢大而厚；手掌與手腕都大；手指尖呈方形。

長型人：手和腿與軀幹比較起來，較長；手臂下半部比上半部長一些；手和腳細長脆弱；手指尖呈尖形。

認識你的孩子的體型，以及知道各型的人大體上的特色如何，可以幫助你把你的期望與實際的狀況協調得更好。有時，相信孩子的行為是受體型影響，比你認為他不理想的行為是你或他的錯，要使你更容易理解、接受孩子的所作所為。

根據薛登的說法，圓型人是為了「吃」而生活、運動，吃是他主要的樂趣。方型人則是為了「運動」而生活、飲食，他最喜歡的是活動及競賽。而長型人是為了「體驗生活」而運動（儘可能地少）、飲食（不在乎的態度），看、聽、思考及體驗是他最享受的活動。

觀察這三類人差異的另一線索是：遇到困擾時，圓型人會在人群中找尋安慰；方型人則投入活動；而長型人會退縮，情願獨處。

時間的概念也會因人的體型而異。圓型人似乎對「此時、此地」最感興趣。方型人好像總是往前看，使他感興趣的是「下一件事」或「新的事物」。長型人似乎對以往及將來同樣熱衷。

如果，我們告訴你一些有關這三種體型的孩子在日常生活情況下的行為方式，或許能幫助你認出自己的孩子是屬於那一型，進而知道要如何去期望他們。

吃的方面

典型的「圓型」的孩子喜愛食物。他活著好像就是為了吃一樣，而且他也幾乎無所不吃。即使在不吃的時候，他也喜歡做些跟嘴巴有關的事，像：嚼口香糖、舔棒棒糖，或者享受一杯可口的飲料。這種小孩在吃飯時間不會有什麼問題，惟一的問題是，他容易吃太多、太常吃。

「方型」的孩子對食物比較不那麼熱衷，不過，他的胃口也還不小。假如你不堅持他得吃些他不喜歡的東西，方型的孩子通常在吃的方面不會給你太多難題。他消耗大量食物，而且通常吃得很快。

「長型」的孩子可就不是這個樣子了。吃飯時間對他來說，可能是一天當中最難挨的時刻。他的胃口往往小之又小，連看桌子上的食物一眼，都會倒盡他那麼一丁點的胃口。他可能不願意吃黏糊糊或多塊狀的東西。顏色不對，他也不肯吃。

長型的孩子即使只靠一些比大部分家長認為的需要量少很多的食物，也能生存，也會發育建壯。也許，一天五次小點心比習慣上的三餐更適合他。請不要逼他，因為他通常會舒舒服服地決定自己需要什麼營養。

睡眠方面

圓型的小孩不但喜歡吃，通常也喜歡睡。他總是心滿意足地吸吮大拇指或緊抱著玩具熊，享受午睡或夜裏的睡眠。他的四肢軟綿綿地攤開來躺著，朝向任何一個他所習慣的方向。

方型的孩子通常也是個能睡的人。他容易迅速地入睡，睡得很熟，不過，經常有很猛烈的抽動。他經常好像比別的孩子不需要睡眠，而且容易醒也醒得快。在清晨六點，甚至更早一點，他就愉快地跳下床去叫醒你了。

長型的孩子在睡覺方面跟吃的方面一樣有麻煩。他不容易入睡，一旦睡著，早上又不容易叫起來。他需要大量的睡眠，但是除非他精疲力盡，否則難以入眠。他睡得淺並且很會做夢。也就是說，即使在睡得很沈的時候，他還是沒有完全放鬆。

人際關係

圓型的孩子喜歡別人，別人也喜歡他。他對別人友善而有人情味。別人跟他在一起時，往往覺得輕鬆自在。即使在很小的時候，圓型的孩子就不喜歡單獨一個人。

方型的孩子也喜歡別人，不過，對於需要別人陪伴的程度，則遠不及圓型的孩子。然而，他通常還是有一大堆的朋友，並且天生就是個領導人物。通常，別人必須適應「他」。也就是說，他做個領導者或別人所崇敬的人最在行。他喜歡別人，主要是因為他們能做某些事情，因為他們能一起玩某些遊戲。

和其他兩種型的孩子相反，長型的孩子非常需要隱私權。他喜歡一個人，而且也不喜歡社交活動。如果他有選擇權，他會避免和別人產生太多關連。他在社交關係上，往往是憂鬱的、不自在的、焦慮的，以及害羞的。像在幼兒園裏面，他和老師的關係，往往比和別的小朋友好。

情緒方面

情緒和其他方面一樣，除非我們很了解自己的孩子，知道什麼樣的期望對他才是合理，並且清楚他的行為真正的意思，否則，我們容易對他作錯誤的判斷。

典型的圓型孩子，會無拘無束地盡情宣洩自己的情緒。他也許會哭得像是心要碎了一樣，但是過一會兒就好了。吻吻他、抱抱他，他就心滿意足了。大哭、大叫，不見得表示他正處於極大的困境。

方型的孩子在情緒上的表達就困難得多，即使在他很小的時候，他可能受到很深的傷害也不掉一顆眼淚。家長和老師必須看著他，因為他不輕易表示他有困難。如果他真的嚎啕大哭，這會使他深深感到難為情，特別是在幼兒園裏面。別人很難安慰他，因為他不輕易接受外在的撫慰。

他非常在乎沒有「輪到」他，不過，他極難開口「要求」輪到他。這類型的孩子是要比別的小朋友更需要情緒上的協助與支持。

長型孩子的情形截然不同。他的特徵是，他的情緒在對權力的喜愛之中表露無遺。他喜歡競爭，喜歡統治、指揮，以及征服他人。他的衝勁大、幹勁足、活力又充沛。他對別人的情緒並「不」敏感，自己對於痛苦似乎也沒什麼感覺。他有勇氣而且喜歡領袖群倫。在生氣或不開心的時候，他往往拿別人（通常是媽媽或弟弟妹妹）當出氣筒。

行為方面

不同體型的孩子有不同的行為特徵，什麼事情會教家長為這些特徵憂心忡忡呢？

圓型孩子的典型特徵是快活、友善、適應力好，通常不會給家長惹來什麼大問題。在襁褓時期，這種寶寶時常被人家形容為不凡的「乖」孩子。他吃得好、睡得好，而且好像喜愛人生。大一點時，他和大部分人都相處融洽，他是個容易相處的好寶寶。

要是家長也是這種性情的人，就沒有什麼好擔心的了。只是，如果家長較有雄心大志，他們就要經常操心，怕這個胖孩子不夠用功，不和別人爭長短。他們會認為，孩子是慵懶（即使還在學齡前階段）、缺乏幹勁（這足以造成父母而非他自己的焦慮）。但是，請試著接受一個事實，那就是——蓬勃的幹勁和極好的脾氣，很少是一起並存的。

方型的孩子可以說是家長焦慮的一大來源，尤其在學齡前那幾年，他還未學著把充沛的活力導入可以為人接受的管道時，經常不斷地動，什麼東西都要碰，破壞力極高。

他看到什麼就要摸什麼，但是，好像他摸到的東西差不多都會被他打破。光是想跟上他，就夠叫你精疲力盡了。雖然，他和同年紀的人一般都處得不錯（他指揮周圍的人，而且被推崇為領袖），可是他往往較不敏感，因此可能難以接近，卻最容易得到「附近孩子中最壞的」的聲名。他另外一件讓大人非常頭疼的事是，他的聲音很大、很吵。

所有事物在他來說，好像是在暗示他採取行動。一根棍子——是拿來敲打的；一朵花是拿來嗅或摘的。他甚至把名詞生動化，他會說：「外面在刮風。」他的思想奔瀉迅速，使他安然渡過猶豫低喃的時期，這和結結巴巴說話並不一樣。

他喜愛表示動作的字眼，像：「撞上」、「重擊」、「轟隆轟隆響」。他很早就能準確知道東西在空間的位置。在運動感方面，他感覺得出「在上面」、「在下面」，以及「在後面」的位置。不過，他很難停下來想，因為，他想把每件事情都變換為立即的行動。他的動作非常迅捷，從一個活動換到另一個活動，變化容易而又快速。他也不喜歡人家要求他慢下來，重複同一件事。

他需要很多生動的遊戲，特別是戶外活動。他需要有個強壯、不會累的人陪他玩。他需要大人喜歡看他表露用不完的精力，而不是看得難過。

長型的孩子所以會讓父母焦慮，是由於他有餵食上的困擾、有睡眠的問題，以及比別人多的過敏症。尤其是他的過度敏感，最令父母操心，像：羞怯、不成熟，以及他「似乎不需要別人」的表現。這一切情形加在一起，使他難以和別人作朋友。請記住，這種孩子所需要的是「時間」。他需要人家了解他的沈靜與害羞，他尤其需要，家長不逼他做些可能並不適合他的運動以及社交活動。

給父母的提醒

假如你有幸有個「圓型」的孩子，你就試著去欣賞他的人情味與友善，不要太過逼他。他或許成不了一個真正積極進取的人，不過，假如你能接納他那個樣子，你們兩個人都會是幸福的。

對於你那個精力旺盛、容易惹麻煩的「方型」孩子，既然打他和罰他只會有短暫的效果，那你不妨多專心於監督他，並且給他發洩活力的正當出路。試著多讚美他作的好事、鼓勵他，而不要去「看」發生的每件事情。你無法為每一件他幹的「壞」事而處罰他，不是嗎？

試著保持你自己的心情，保護你的東西以及你的孩子，以免「他」和「它們」受到外在的傷害。並且，要讓自己每天有點輕鬆的時刻（他上學或讓保母帶時）。請記住，雖然方型孩子的衝力惹來這麼多麻煩，將來卻是引導他邁向成功大道的原動力。

儘量裝許多安全鎖以保護藥物，以及家中任何危險或易碎的物品；儘量把其他東西放高。然後，給這個孩子許許多多可以讓他恣意發揮的東西，像：黏土、麵糰、顏料、沙、水和肥皂等。並且，儘量給他許多可以發洩精力的設備，像：攀爬架、彈簧跳床、秋千等。

至於怎樣幫助「長型」的孩子呢？請牢記一件事：長型的孩子雖然聰明，但是，成熟得慢。你不要為這點，或者為他的缺乏社會成就而擔心。將來，在某些方面，他也許會趕上，甚至超過那些比他早一點起步的孩子。不過，最重要的是讓這種孩子知道，即使他不善於運動，也不外向；即使他缺乏自信而且羞怯；即使芝麻蒜皮大的事不對勁，都會令他過分不開心，你也還是喜歡他，也了解他。這點對父親尤其重要。

在試著找出自己孩子的體型時，請你記住，除非孩子平衡狀態非常好，否則，總會有某個部分顯得特別突出，使得他將來會是什麼樣子，很明顯的表現出來。

還有一件事需要提醒你，那就是，了解遺傳（或者，在這裏提到的三種基本體型）和環境之間的相互關係，是件很重要的事。

阿諾．吉塞爾博士在一九四〇年首先提出這項警告，當時，他明白地說：「在評定成長的特徵時，我們不應該疏忽環境的影響——文化環境、兄弟姊妹、家長、食物、疾病、外傷、教育等。應該把這些因素與體型因素的關係考慮在一起，因為後者主要在決定孩子對於環境的反應程度，甚或他的行為模式。一個孩子的成長特徵，其實是內在與外在因素相互影響的結果。因為這種『相互影響』是緊要關鍵，所以，清楚畫分這兩組決定因素，應該不算過分要求。」

任何一個孩子的個性中，都有一個極端重要的部分，那就是——孩子的「自我概念」。

讓孩子覺得自己不錯，最好的兩個方法就是，讓他知道「你喜歡他」（因為他使你高興）；同時，幫助他注意到，大部分的時候，他所遇到的情況是「他有能力作得好的」。

你越了解孩子，了解他所有的優缺點，你就越能有效地掌握他的特質，幫助他獲致更多的成功機會。

如果你非常了解孩子的身體是屬於那一型，也就能知道那些期望是合理的，那些又是不合理的，這些對你幫助孩子保持自己最好的一面，將有助益。你也不會落入把孩子扭得不成人形，非要他完成不可能的事情的錯誤裡。你能幫助他好好做個屬於他那一型的人，而不是要他變成永遠成不了的另外一種人。

你讀了我們對圓型、方型、長型孩子的描述後，也許你可以了解到，想把長型的人變成圓型，或者圓型變成方型的人，都是徒勞無益的事。此外，在孩子發展定型的過程，不但你「自己」要對他有所了解，將來，等他長大的時候，你也要幫助他了解自己。

不過，一個人的體型多少會影響他對自己個性的關注程度。典型的方型孩子採取行動（不經過太多的內省）；圓型孩子憑感覺行事（可能不太擔心自我或自己的個性）；只有敏感的長型孩子可能最是關心，也最有興趣於研究自己的個性，以及自己是怎樣的人了。

孩子確實各有不同，他們一個個都是獨立的個體。

第九章　真實的故事

故事一：怎樣面對難以管教的四歲女兒？

親愛的醫生：

在我十多歲時，我曾經看過一些描述四歲孩子有多麼野的書。沒想到才幾年之間，我會成為一個小野人的媽媽。

我的女兒姍蒂非常活潑、粗魯、難以管教，她似乎什麼規矩都不遵守。有時候，她甚至使我惱火到十分厭惡的地步。她聰明伶俐，對別人也很親切，到外面玩時，更是「很乖」。但是，在家裏，她的橫行霸道卻讓我受不了。她喜歡塗口紅、穿大人的衣服打扮自己。我實在很討厭她穿那些鞋子在屋內咯咯咯地走來走去。

有一陣子，我把她送去上幼稚園，因為我拿她沒辦法，也管不了她。幸好，她和她爸爸還很合得來。我的生活被她攪得很慘，都到了快要絕望的地步了。若蒙指點，不勝感激。

任何一個四歲孩子正在「頑皮」的時候，你最好的方法就是——儘量不去理會他，他自然會安靜下來。他的野，至少有一部分為了吸引你的注意力。因此，假如沒有人理他，那還有什麼好玩呢？

有個積極的技巧是，如果你的女兒不停地吹牛，說些蠢兮兮的話，那你就說些比她更誇大、更愚蠢的話，她會很喜歡聽，你們兩個也都會有樂趣。

你說珊蒂什麼規矩都不遵守。你是不是試過像下列這些命令呢？例如：「最遠只能到門口。」「時鐘上的長針指到最上面時，你就得……。」「請不要亂丟玩具，這是規矩。」等等，很多孩子會遵守這一類的命令。或者，你也可以在心情較好的時候，試著迎合四歲孩子喜歡新奇刺激的心理，帶她去旅行，或是郊遊。

善加利用四歲孩子喜歡被讚美的心理，找些事情來讚美珊帝；或是利用她喜歡「玩把戲」和新花樣的心理，使你們每天的例行工作活潑起來。

許多小女孩和珊蒂一樣，在「四歲」時，生活好像都耗在打扮衣著、穿高跟鞋走來走去，或者穿上滾花邊的舊窗簾、想擦指甲油、甚至想塗口紅上面。這種遊戲叫人看起來很煩，不過，如果能把它戲劇化，就能把它限制在很短的特定時間內。如果你自己也能投入這種遊戲，你就比較不會覺得疲憊，而她也會覺得比較好玩。你不妨給她一箱特別的衣物，並且給她某個時間讓她「打扮」吧！

既然珊蒂和爸爸很合得來，你就儘量勸他偶爾帶她去散步。雖然她不在你身邊的時間很短暫，但卻有助於你改善面對這個吵人的女兒的態度。

媽媽對子女懷有暫時性的嫌惡感，這是很自然的事。可是請記住，「你是她惟一的媽媽」。你可以讓她知道，她的某些行為使你生氣，而且，你也不允許她有那些行為。不過，假如你讓她覺得你實在並不喜歡她，這對她來說，卻是很悲慘的事。

故事二：怎樣教他「說實話」？

親愛的醫生：

我非常關心我的四歲兒子，他是我們的第一個也是目前惟一的一個孩子。內人和我都是信教的人，對於是非對錯有十分強烈的標準，我們經常向歐文灌輸說實話的重要性。

但是有一天，內人逮到他的不良行為。在問話的頭五分鐘內，他竟然隱瞞真相，說了五種不同的謊話。我們到底錯在那裏？或是什麼地方出了毛病呢？我們要怎樣才能灌輸他必須說實話的觀念呢？

你可以繼續按照剛開始的方式，灌輸歐文必須說實話的觀念。同時，維持你自己對是非對錯的標準，以身作則，給他一個好榜樣，而且在必要的時候，向他強調真相的重要性。

接著，是請你等待，大多數四歲兒常常不會跟你說實話。四歲時候，小孩子愛吹牛誇口，尤其愛「說謊」。不管你教得多好，或者樹立多好的榜樣，四歲還不是時時說出一切實情的年紀。

我們想，你們可能需要多參考一些關於正常兒童成長過程的知識。

故事三：只聽想像同伴的話，怎麼辦？

親愛的醫生：

外子和我可以說是老來得子，我們有個獨生子，四歲，名叫小單。他一直是我們的心肝寶貝，我們都想做個好家長，只是，有時我們覺得對兒童方面的了解還不夠。

他的行為只有一個方面使我們頭疼，而且在過去八個月以來都是如此。小單雖然有許多鄰居的小朋友一起玩，但是他卻把大部分時間和興趣，放在一個完全想像的玩伴，那是一個名叫杜麗卡的小孩。杜麗卡不但佔去小單許許多多的時間，而且還「支配」了我們家的生活。

比如說，如果杜麗卡不去散步或搭車兜風，小單也不肯去；如果杜麗卡不喜歡某種食物，小單也不吃。凡此種種，整天、每天不斷地發生。

對於這個怪現象，我們的朋友和小兒科醫生各有不同的看法。他們的建議是：

(1)那種行為是正常的。

(2)那表示小單有情緒上的困擾，因為他無法辨別真實與非真實。

(3)小單這種玩法是由於他是個獨生子，因而孤單寂寞。

有人認為我們應當允許那種行為，甚或給予鼓勵；有人則說我們應當加以制止。你能給我一點建議嗎？

我們較贊成第一種說法。也就是說，我們認為那種行為是正常的。那絕不表示小單孤單寂寞，而是表示他的想像力很強，而且可能是個智慧很高的孩子。對於一種很典型的四歲半孩子的行為，他的堅持度的確會比較久也比較牢固一點。我們看過一些很優秀的小男孩和小女孩，的確很喜歡他們想像中的玩伴。

事實上，我們可以保證，小單的那種行為，在未來的幾個月之內一定會改掉，或者大部分一定會消失。在它還未消失以前，你也可以善加利用。譬如，如果你要他做某件事，就告訴他：「杜麗卡可以把這件事做得很好。」或者，向他提議說：「你和杜麗卡也許想出去散散步。」將她當成你的盟友，不要當她是敵人。

故事四：老是無病呻吟，怎麼辦？

親愛的醫生：

我的問題可以用兩個字來總括，就是「哀叫」！

傑柯今年四歲，過去幾年來，總是不停哀哀叫。在三歲半時最糟糕，後來改掉了一點，現在卻又比以前糟糕了十倍。

我們希望他上了幼稚園以後會有幫助，的確也有。不過，他一星期只上三個上午，其他日子在家裏野蠻得很。如果我停下家事，陪他玩，他會乖個十分鐘。然後他會體恤地說：「媽，你去燙衣服好了。」但是接著，哀叫聲就又開始了。

遺憾的是，我沒有車子，不能帶他跟我去找朋友或者上街購物，而這些都是他所喜歡的。他除了用哀叫聲以外，沒有其他發洩緊張情緒的管道。

孩子的哀叫聲，可能是驅使媽媽瀕臨身心崩潰邊緣的最大原因。幸好，傑柯這種行為來了，還會去。在五歲以前，你可以看到他的改善。

我們認為，在他不上幼稚園的時候，你要把一天的時間安排一下，抽多一點時間陪他，而少花一點時間在家事上。

你說你沒有車子，不過，為了讓他心滿意足，你可以替他在住家附近安排個短程的散步。對一個小男孩來說，陪他一起看看一個挖過的凹洞；或是走一點路到鄰近的商店，任何一件很小的事都可以變成一次很棒的期待。

你說他喜歡社交，大部分四歲兒也都喜歡找別人玩，如果你願意，他有沒有機會當個小客人，跟小朋友們玩一會兒呢？

此外，我們認為，傑柯和保母在一起，可能比較不會像跟你相處時那麼喜歡哀叫。你能不能安排一星期兩個下午，在他午睡過後，讓別人帶他出去玩一兩個小時呢？

疲憊的孩子最容易在一天末了呻吟（特別是你正在做晚飯的時候），也許你可以讓保母晚點來，或者，早一點餵傑柯吃飯，讓他在六點至八點這段糟糕的時間之前上床。在這段時間，家中每個人的情緒可能都不是好的。

以上這種種的安排，並不能保證你的兒子一定不再繼續哀叫。但是，如果他的生活相當充實，他就「很可能」不再哀叫。我們希望，他的父親能在週末和他單獨地相處一段時間。大部分男孩在和爸爸單獨出去時，都不會哀叫的。

故事五：不愛吃飯，怎麼辦？

親愛的醫生：

我有三個小孩。大女兒六歲，兩個兒子——一個四歲，一個十個月大。這個四歲男孩是我的問題集中點。他不肯吃飯。去年，因為他常在用飯時間叫胃痛，我們帶他去給醫生檢查。醫生告訴我們，他的身體沒有什麼毛病，並且建議我們不要理會他，他餓了就會吃。

好了，幾個月以來，我們都照著醫生的話做，當他威脅說：「今晚我不吃飯」時，我們不予理會，然後，他真的只挑他喜歡的沙拉和甜點吃。我發現，這種不理他的方法並無幫助，真的，他幾乎沒吃什麼，我擔心這只會使他的胃縮小起來。

因此，我又用回老辦法強迫他、賄賂他、處罰他。

是不是每位媽媽都會遇到這種事呢？我的女兒從來沒有這種問題。請告訴我，你認為怎麼做才好？我們是越來越怕有他在身邊一起用飯了。奇怪的是，他去姨媽家玩時，就會吃飯。

我們總不能讓他給餓死啊！你能不能指點我們，還有那種方法我們可以試試的？

我們想用另一位與你有同樣問題的媽媽的話來答覆你。下面就是她的建議：

1.媽媽和爸爸最難做到的一件事，就是改變自己的態度。我本人過去也一直感到絕望，但是在看過醫生，知道孩子健康正常之後，即使他吃的不多，我也會接受。

2.不要把甜的東西到處放。除了生日以外，最好完全排除甜食。過去，我們一向到三個兒子都睡了之後，才去找甜點和咖啡來吃。

3.在和家人一起吃飯前，先餵你那個不吃東西的孩子。我也曾經在特別為小寶貝做些東西而他卻不吃時，心情惡劣透頂，影響全家進餐情緒。

4.每樣東西只餵半茶匙給這個胃口很小的孩子，而且一句話也不要說。過一會兒，你得要有把一盤子的東西丟進垃圾桶的心理準備。

5.不要盯著他吃。如果必須說話，就事先想好談話內容，這樣才能順暢地說下去。

6.即使他才上來餐桌不久，如果他想下來，就面帶笑容地讓他去。

7.我們不讓孩子自己拿菜，因為他們認為拿菜好玩，而拿多了通常又吃不了。同樣的，我們也不讓他們自己選菜吃。讓他們在兩種水果或兩種蔬菜當中選擇一樣，也許是個好辦法。但是自由選擇的結果經常是，一些難吃或特殊的食物，他們都不吃，即使是選了，他也不可能吃下去。

8.兩餐之間的點心似乎是個因人而異的事。我們的兒子不論吃了點心與否，三餐都吃得一樣多，或者一樣少，因此，我們容許他們吃些有營養的點心。像：葡萄乾、果汁和餅乾，這些都是他們喜歡的零食。

9.有幾種東西，也許你可以把它當成正餐的一部分，比如說，在牛奶中加點香草或糖，只給他半杯，再給他一根彩色的吸管。其他像：自製的爆玉米花，四分之一個蘋果等，也都可以。

10.最重要的一件事是，你要了解，很多孩子的食欲是很「小」的。

故事六：老是把頭蒙在被子裏睡覺，怎麼辦？

親愛的醫生：

我閱讀你們寫的專欄已有多年，也為你們提出的意見感到讚歎，希望你也能給我一些建議。

我那個四歲半的女兒瑪莎，在晚上睡覺時，不管氣候怎樣，她都要把頭蒙起來。如果她和別人一起睡，或是白天睡午覺，卻不會要把頭蒙起來。我跟她說過，也警告過她，那樣會窒息，我還甚至打過她，但全都無濟於事。她會等到她認為每個人都睡著了之後，才把頭蒙起來。我問過她，是不是害怕什麼東西，她說沒有。

這是不是只發生在一個階段呢？如果不是，我要怎樣才能制止她呢？

瑪莎這種睡前的行為的確相當怪異，但這可能只是一個階段而已。不過，不可否認的，你不希望她在經歷這個階段的當兒窒息。

其實，你的女兒是在相當「漂亮地」解決她那個四歲階段的問題，她只是在遮擋一切視覺上刺激。很多這個階段的孩子對陰影或移動的亮光十分敏感，在她看來，有圖案的壁紙也好像都會動，更別說車燈閃過她的窗子，會把她弄醒這件事了。

如果你的孩子在適應光線和陰影方面有這種困擾，你們就要小心安排她床的位置，避免讓她直接看到窗戶。或者，也可以用百葉窗遮擋光線刺激。不過，這時光線可能太暗，因此，你也許可以裝個立地式的，低電壓、不會投出陰影的燈，來解決這個問題。或者，把通往客廳的門半掩半開，在客廳留一盞小燈。

你也可以購買一些她喜愛的，會發出磷光的小圖案或圖畫。這些會發光的東西，會讓她感覺有人在。

我們從沒聽說過小孩子讓被子蒙住頭而窒息，不過，如果使用透氣孔較多的毯子，你也許會覺得較為安心。可是，我們還是要建議你，把造成你女兒這種行為的真正原因找出來。當有別人在時，似乎就能把她的恐懼感趕走，這表示她的恐懼並非根深蒂固。

故事七：常作惡夢，怎麼辦？

親愛的醫生：

我那個四歲半的女兒安麗，常常在入睡後一個小時左右被惡夢嚇醒。她哭鬧、顫抖著、拉額前的頭髮，既緊張又沮喪的樣子。她語無倫次，說得不清不楚，我很難了解到底怎麼回事。

昨晚她問我：「安麗在那裏呢？」我向她解釋，她自己就是安麗。我通常都能使她鎮靜下來，不過，她經常一入睡又做夢，歷史又重演了。她曾經告訴過我，說她覺得有小蟲在她床上爬。

我們的醫生開了鎮定劑給她，但是幫助並不大。白天，她好好的，很愛她的孿生弟弟，也和她的小妹妹玩得很好。不過，她不會維護自己，每次吵架，她只會跌在地板上哭鬧。

也許我把這件事看得太嚴重了，但是，若蒙指教，當很感激。

惡夢常見於四歲兒童。我們不相信有什麼地方嚴重地不對勁了，不過，這的確令人不安。安麗也許需要多鍛鍊一點體力來和弟弟妹妹玩玩，可是，對於這個年紀的小女孩來說，做惡夢是很尋常的。而且，在未來幾年還可能繼續下去。

她那種受驚、著魔似的樣子，自然嚇到你了。不過，你所能做的，除了讓她生活快樂、充實，而且不要太吵或太興奮以外（你以前差不多都做了），你還需要在她害怕時，安慰她、平撫她、對她說話，然後再把她放回床上。

在這個當兒，你可以給她吃一點東西或飲料，或者用冷水洗她的臉，就能使她安靜下來。把她帶下床，到其他環境，也有幫助。

至於她的床上「有小蟲」這件事，也是常見的，有的家長做得很好，他們撫慰孩子說，根本就沒什麼小蟲；有的則用自己的手或短柄的刷子，發出聲音來把「牠們」趕走，或者把「牠們」從床上刷下來。魯塞爾・赫本（Russell Hoban）寫了一本很好的床前故事書，叫做「給法蘭西絲的晚安時間」，安麗也許會喜歡，聽了也許有好處。

從一個實際的觀點來看，你所能做的，大概就是繼續你以前的做法——讓她有個美好、舒適、輕鬆的睡眠時間，念她喜歡的故事書給她聽，尋常的親吻，並且祝她有個好夢，以及睡前祈禱等都可以。

請不要忘記，並不是所有的恐懼感都會讓孩子不愉快。我們認識一位三歲半的小男孩，他告訴我們，他害怕每一樣東西，甚至連「自己的名字」他也怕。他又說：「麥哲（他的狗）使我害怕，連作夢都叫我害怕。」他得意地述說，鱷魚偶爾也在他的夢中打敗他呢！

無論如何，四歲孩子的惡夢是自然現象，而且可能也無害，要真有害處的話，是因為它總是給有關的人帶來一點不安。

故事八：四歲了還會尿床，正常嗎？

親愛的醫生：

和你們最近寫過的「尿床家庭」一樣，我也有四個會尿床的孩子。我順其自然，希望他們長大了自然會好，也認為那是常見的現象，但真是如此嗎？

目前我最大的問題是我的四歲女兒德美。她晚上仍會尿床，但是她至少肯穿塑膠尿褲，保持床的乾燥。有一天，她起床後跑出門，一個五歲鄰居看見她穿塑膠尿褲，就嘲笑她說，「寶寶尿褲！寶寶尿褲！」

這下可好了！自從那天開始，她就不肯穿塑膠尿褲了，只包上尿片。每天晚上，她的尿片不但濕透，床也氾濫成災。以前我從未把這種事太放在心上，但是，現在我開始懷疑了。因此，我試著調查鄰近三十個家庭，四十一個三歲以上的小孩，發現：二十九位早在三歲時，晚上就不尿床了；三十八位在三歲半不尿床：四十一個當中，有四十個在四歲以前晚上就不尿床了。

雖然如此，所有商店仍然有賣四歲小孩穿的塑膠尿褲。不是我自己的孩子不尋常，就是大部分家長都恥於承認事實真相。你們能不能告訴我，到那裏才能取得四歲孩子尿床的百分比資料？

我們懷疑你所要的百分比資料是不是有。然而，一個家長假如需要百分比資料，讓自己相信一個簡單、大家公認的事實（亦即四歲孩子夜間尿床並非不尋常），這個家長一定是沒有安全感了。

至於你所收集的資料，不是你鄰居那四十一位小孩不尋常，就是他們的媽媽不夠誠實。三歲、四歲、五歲，甚至六歲孩子夜裏尿床，一點也不稀奇。四歲孩子穿的塑膠尿褲有人賣，那是因為它賣得出去。我們收到的信，詢問如何使四歲、五歲和六歲孩子不尿床的問題，比詢問其他任何一個問題還多。

我們想，你一定會在德美的床上墊上一張塑膠布。你能不能再給她一件短睡衣，配上一條睡褲，但是要告訴她，除非裏面穿上塑膠褲，否則不能穿那條睡褲。這樣一來，她不就又穿起塑膠褲了？你可能還有一年多的的時間必須等待孩子的尿床問題。

你其他那三個會尿床的孩子是多大呢？如果他們更小，那就更有的你忙了。假如他們較大，你最好考慮使用下面故事九裏所提到的制約器。

故事九：用制約器來幫助孩子戒除尿床習慣

親愛的醫生：

我在報紙上看過，有個媽媽把她的五歲兒子關在房內，不給他東西吃，因為他尿床了。我有個四歲女兒，在我找到一種產品來幫助她以前，她也是會尿床的。報紙上有一則關於尿床的產品廣告，我打電話去問。你信不信，它的租金貴得離譜（一個月一萬元，保證一年），三十天之內，保證孩子不尿床。有另一家百貨公司也有類似的產品，一個才賣兩千元。這套器具是用電池操作的，附兩張錫箔紙，以及一個分開用的墊子。當孩子尿床時，它就發嗡嗡聲。（錫箔紙非常便宜，必要時可以更換。）

我把這個制約器用在女兒身上，三個星期之後，她果真戒掉了尿床的習慣。我曾經拿去給醫生看，他說他以前沒聽說過這項產品。我現在把我們這個制約器擺在櫃子裏存著，以備將來之需。

我希望讓更多的人知道這個產品，這對尿床的人大有助益，因為嗡嗡聲會一直響，直到他起床把它關掉。

我們樂於引用你的來信，因為我們相信，許多父母都有「孩子尿床」這方面的困擾，但卻不一定知道現在有這一類的產品上市，你的經驗對他們一定有幫助。

遺憾的是，向來都有一派心理和醫學學說主張，尿床是情緒困擾的一種表徵，既然它是因擾的一種症狀，即使你把症狀消除了，困擾應該還是存在的。

現在，有一點或許可以肯定的是，有情緒困擾的孩子，也許比較容易尿床。但是，我們還沒有證據來證明，「所有尿床的孩子都有情緒上的困擾」，或者「情緒困擾一定和尿床有關係」。根據我們的經驗，有的孩子天生就是要比別人晚一點，才能消除尿床的習慣，正如有的孩子比人家晚學會說話或走路一樣。

年紀，通常是解決較大孩子還尿床的最佳辦法。因此，我們比較贊成孩子至少到六歲（最好是七歲），才開始利用外來的協助。像來信這位媽媽所提到的那種器具，到了六、七歲，很多家長會發現，這些機械式的器具，只需用個一兩個星期，就能夠產生令人滿意的效果。只有少數幾個孩子會再犯，其他的孩子則永遠不會再犯了。

這類產品的價格不一，如果你有幸有位贊成使用這種東西的小兒科醫生，你最好在他的指導下使用。

故事十：經常吸大拇指，怎麼辦？

親愛的醫生：

我的四歲女兒唐娜經常吸吮大拇指。牙科醫生建議說，這個時候一定得要改掉這種習慣了。關於這個問題，能不能請你給我一點指教？或者，你知不知道有什麼器具，可以用來幫助她改掉這個習慣？

有的牙科醫生的確對吸吮大拇指持非常悲觀的看法。不過，現在大多數人似乎都認為，如果孩子一開始就有一口整齊的牙齒，而且在恆牙長出以前就停止強烈的吸吮習慣，可能就不會造成什麼傷害。

我們比較主張，不要把這件事看得太嚴重，至少在六歲以前不要太緊張。大部分孩子都曉得，爸爸媽媽特別不喜歡這種行為。甚至很多孩子在五、六歲以前，就能夠接受規定，如果想吸大拇指，就必須回到自己房間去。

對於較小的孩子「需要花多少心血才能制止他的吸吮習慣」，最大決定因素在這個行為的廣度與強度上。如果你有個白天經常吸，而晚上更是吸得厲害的孩子，你想終止這種行為，可能會徒勞無功。而且，如果你太早對小孩嘮叨這種事，將來你有機會要把它戒掉時，孩子會把你的話當耳邊風，聽而不聞。

不錯，有一些器具（看起來相當可怕）繫在孩子的嘴巴底部，只要孩子一吸吮手指頭時，便會刮痛。我們從來不建議用這些東西，不過，假如你需要，你的醫生也許可以給你。

我們的感想是，假如孩子需要大拇指的慰藉，造物主給他這個方便的自慰工具，可能是他的運氣。大部分孩子在上學之後，白天就不再常吸大拇指了。

如果孩子上了學之後還不斷地吸手指頭，那麼，你應該想出幫助他消除這個習慣的方法。我們認為，四歲不是挑起爭辯或討論的一個很好的年齡，不過，這個年紀是可以考慮讓他只在睡覺時吸，幫助他逐漸戒除這個行為。

許多媽媽現在也會把吸吮大拇指稱做是「發洩緊張情緒的管道」，而非「一種壞習慣」，並且不再對它懷有敵意了呢！

故事十一：怎樣告訴他「有個小寶寶要來臨了」？

親愛的醫生：

我們的四歲兒子康尼是獨生子。現在，我就要生第二胎了。雖然我已懷孕六個月了，可是康尼似乎並未注意到，我有什麼不一樣的地方。我不知道應該在什麼時候告訴他，我們家就要添個新成員，也不知道要怎樣告訴他，告訴他什麼。

怎樣告訴他呢？儘量用不尷尬、直截了當而又理所當然的方式告訴他。

告訴他什麼呢？有的四歲兒相信，小寶寶是在媽媽的肚子裏長成的；有的則堅持他們早先的想法，認為小寶寶是買來的。告訴康尼實情，但是，不要就這個問題作過分冗長的說明，而且假如他不願意相信，你就別堅持。

何時告訴他呢？把告訴他的時間儘量延後，這點你做得很好。四歲兒的時間觀念和我們不一樣，因此，如果媽媽在懷孕之初，就把這個消息告訴孩子，任何一個學齡前的孩子都會疲於等待這件喜事的來臨，他會非常不耐煩。

故事十二：有手淫習慣，怎麼辦？

親愛的醫生：

我們的小兒子剛好四歲，他自從七個月大就開始手淫，他惟一的同胞手足是個十一歲大的姊姊，他們之間的關係非常好。但是除了這點以外，他是個孤單的小伙子。我們住在一棟公寓的三樓，住在我們樓下的鄰居討厭吵雜的聲音，而我又無法讓他在街上，和那些沒有人看管的小朋友一起玩。

我們的家庭幸福美滿，兩個孩子也都備受關愛。最近，他的手淫越來越嚴重，而我們似乎也拿不出對策來制止他。我們曾試著表示多一點的愛，也試著分散他的注意力，甚至還責打他。但是，全都無濟於事，因為，他常常聲淚俱下，口口聲聲地說：「我一定要，這樣我才會覺得舒服一點。」

如果一個孩子在他的生命的第一年就手淫，這種行為的歷程將會十分漫長。你們已經試過各種分散注意力的技巧，而問題卻依然存在。一般而言，在四歲和六歲這兩個年齡階段的兒童，會更加感覺到生殖器的存在，尤其男孩，會經常抓握自己的生殖器。看起來，你兒子的緊張情緒將來可能更加顯著。

和處理吸吮大拇指的方式一樣，你至少可以要求他到自己的房間，而不要在別人面前做這事。但是，較好的發洩出路是，用好的遊戲團體、幼稚園，或者跟你到戶外去散步或遠足的方法。

他知道自己在做什麼，就這個事實讓我們覺得他的手淫並非出於無意識的發洩。聽起來，他像是再過一些時候，就會真的設法戒掉這習慣的。

兒童專家也沒有幾個知道如何制止這種行為，有的甚至認為最好都不要陷入這種行為。除去衛生保健方面的原因以外，很多人認為，手淫並不會傷害孩子，除非他們過度浸淫其中。你兒子的行為的確好像過分了一點，但是，更多外頭的興趣，應該可以使他不必這麼過分地依賴自己。因此，目前，你要試著激發你兒子的遊戲興致，他的爸爸和你兩個人都要給他更多的注意力。

如果這個問題仍然延續到學齡階段，並且影響到孩子的學業適應，你也許必須帶他去兒童輔導室，尋求專家的協助。順便一提的是，你們是不是「一定」要在公寓三樓住下去呢?如果有什麼辦法使你們的居家環境更輕鬆，對你的兒子應當會很有幫助的。

故事十三：喜歡玩性遊戲，怎麼辦？

親愛的醫生：

我的四歲女兒珍妮，和她的五歲大小朋友大衛，經常玩在一起。大約在兩年前，他們開始把衣服脫掉，到浴室「洗澡」。大衛的媽媽和我都試著制止這種事情，我們向這兩個小傢伙解釋，並且更加嚴密地注意他們。去年，這種迷人的遊戲又增加了一些新花樣。再一次地，我告訴了大衛的媽媽，而我自己也更加嚴密地監視他們，但大衛總是喜歡在關閉的門後或者隱密的地方偷偷進行。老實說，珍妮似乎也喜歡這種事。

上個星期，我回到家發現，珍妮和大衛在她的臥房，躲在關著門的後面，又是把褲子褪到一半。外子當時在家，但是只要他們靜靜地玩，他很少注意他們。他認為我太過大驚小怪。大衛的媽媽也是，她似乎十分願意讓他們為所欲為。我的擔心是對的嗎？

你的問題很常見，然而大眾的看法見仁見智。有些兒童專家不認為性遊戲對幼兒特別有害。他們認為，過分壓制和責備，對孩子的傷害可能更甚於性遊戲本身。

大部分的媽媽不喜歡這種遊戲，也真的比較喜歡去制止它（爸爸就比較難以預測，他們往往不是非常生氣，就是漠不關心）。就我們所知，適度的監視幾乎是防止的不二法門。訓話、責備和處罰則沒有好處。如果孩子的興趣還在，又有了機會，一定會發生性遊戲。如果大衛和珍妮要一起玩，你就必須非常嚴密地予以監視。

當然，有時不容易直接監視。不過，試著讓他們在乾淨而寬闊的地方玩，儘量避免在關著門或狹小隱匿的地方和臥房。這樣處理之後，如果那種行為還存在，就得把這兩個孩子分開幾個星期，這樣，他們就沒戲唱了。

我們很高興你看得出，大衛雖然對這一切熱衷，珍妮也半斤八兩。因為性遊戲帶來的最大傷害，往往是牽涉到的孩子。他們的媽媽每一個都對對方不滿，並且責怪對方的孩子。重要的是，每個媽媽都要理解，這種遊戲在「頑皮」和「乖」孩子當中，都會發生。

下面是我們就這個問題的幾個一般性的看法：

環境和它大有關連。有的孩子是，如果你從不給他們機會單獨一起玩，不讓他們沒有人監視，或者讓他們經常忙於較有建設性的活動，他們也許能完全不發生這種遊戲。

有兩個主要的辦法是：

第一，態度要沈著冷靜而且故意裝作不經心，避免震驚、恐懼，甚至過度沮喪。讓孩子有個印象，你不喜歡（或者不容許）這種事情。如果你認為性活動是不對的、可怕而又可恥的，這種態度帶給孩子的傷害，也許甚於性遊戲本身。

第二，不要讓孩子有造成性遊戲的機會。有些玩伴好像比人容易煽起這種遊戲，這時候，你也許就要避免讓他和那些小朋友單獨玩在一起。如果他和那些人在一塊兒，你就得看著他們，讓他們沒有機會玩這種遊戲。

一個相當極端但是有效的解決辦法是，讓他穿一件式的內衣褲和一件式的運動裝，「不得其門而入」也許可以使問題迎刃而解。

應該「責怪」誰，並不是重要的事。今年是隔壁的男孩帶領的；明年也許是你的孩子帶頭。我們並不是說性遊戲是個普遍存在的問題，但似乎也八九不離十。

故事十四：恐懼「死亡」，怎麼辦？

親愛的醫生：

我的四歲半兒子羅比，突然對死亡這個觀念感到害怕。大約在一年以前，他心愛的狗死了，我們認為這件事使他對整個事情有了一個概念。

但是現在，他突然變得很恐懼。內人向他保證說，這個家將來沒有人會死呀！我認為那是不對的，因為她不能作那種保證。因此，我向他提起上帝，並且告訴他，如果他或者我們當中任何一個人真的死了，我們會和上帝在一起，因此，我們都會很好。

現在，他好像比以前更加害怕，因為他說他不「想」和上帝在一起。我們現在該怎麼辦呢？他的憂慮似乎是特別為他自己，而且擔心自己將來會死。

在某些年齡階段，想想上帝，的確「能夠」使孩子在若干情況下得到慰藉。所以，認為上帝是照顧你的「父親」，這種想法往往能撫平四歲的恐懼感。不過，這個年紀的孩子對於什麼是真的，什麼是假的，往往自己都不清楚。

因為事實比較站得住腳，所以羅比也許能接受「人到了老年大都會死」這個事實。不過，大部分四歲兒對於死亡的意義只有一點點認識。到他五歲時，你會為他的硬心腸感到驚訝，因為，許多五歲兒在談到死亡問題時，會像個小律師在調查死亡的狀況、屍體的位置，以及將來可能發生的事情一樣。

有的孩子在四歲時常常認為，人可逃過死亡這一劫。

不過，即使沒有某種特殊經驗的影響，四歲半的孩子往往也會擔心「死亡」會突然降臨到他們身上。有的是經由寵物的死亡，幫助他接受死亡這事實。（但這對於羅比似乎沒有幫助。）

上帝的觀念對某些四歲兒的確有幫助。不過，你可以給羅比一個觀念——上帝會在這個世界上保護他，替他注意，因此他不會死。而不是告訴他，要是他上了天堂，就會跟上帝在一塊兒。對羅比來說，「保護他」也許比「在一塊兒」有助益。

羅比目前需要的是，強烈地向他保證，他自己以及他的直系親人都會活得好好的（雖然生命大多變化無常，但我們還是認為，你大可給他這項保證）。當然，你得輕描淡寫地說，惟有如此，當某個親人或他所喜愛的人遭到災厄襲擊時，你方能自圓其說。

故事十五：怎樣告訴他「爸媽要離婚了」？

親愛的醫生：

外子和我正準備離婚，然而到目前為止，我們還未把這個消息透露給我們的四歲兒子吉米。我要怎麼告訴他呢？他會怎樣接受？離婚對幼兒是否會有很慘的影響？

外子和我老早就知道我們的婚姻並不美滿。起初，我們希望為了吉米而設法留在一起，現在我們才知道，那是做不到的。請你幫幫我的忙吧！

我們認為，你們「不要為了兒子的緣故」而留在一起，這是對的。兒童專家早就認為，正式離婚之前的同床異夢，傷害性才最大。

吉米顯然不會歡迎這個消息（就算不幸福，再小的孩子都寧願他的家保持圓滿）。孩子越小，就越容易從離婚的創傷中平復過來，而且也較容易適應新的生活方式。

你和你先生的做法也許對吉米的影響很大。假如你們兩個都保持冷靜，至少在表面上還友善，而你自己的表現也不要像世界末日來臨一樣，吉米就會像成千個離婚家庭的孩子一樣，可以逃過情緒上的劫難。

因此，盡一切努力讓你的兒子知道，目前發生的事並不可怕。向他保證，他的父親並不是因為吉米做了或者沒做什麼事而要離開的；向他保證，他的父親將來還是他的父親，而且他的父親仍然是愛他的。特別要告訴他，他將來還可以經常見到爸爸。

你要儘量克制自己，不要說些對你的先生有敵意或不好聽的話。儘量用冷靜和理所當然的態度，向他解釋為什麼父親要離開。向他解釋，人們在結婚時，都希望白首偕老，共度一生，可是往往事與願違，這並不表示兩人當中有一個是壞人，也不表示有一個不愛他們的孩子。

你一定要向吉米強調，他的父親雖然不再是你的丈夫，但是他仍然是吉米的爸爸，他不會失去爸爸的。

此外，從現實的觀點而言，由於四歲也有實際性的概念，所以你要告訴他，將來會是怎麼回事。在遇到必要情況時，你就要告訴他，他將來會住在自己家裏。週末，他就有機會去找他的爸爸談心。（你們必須決定最滿意的見面次數。通常，每隔三、四個星期見一次面，效果比每週一次好。）

你也要知道，對很小的兒子或女兒來說，同樣的訊息，你可能需要說個好幾次。

故事十六：需要把雙胞胎分隔在兩間教室嗎？

親愛的醫生：

我們有一對四歲的雙胞胎女兒，名叫「琴恩」和「珊曼莎」，她們是我倆的心肝寶貝。目前為止，我們的生活都過得很愜意。現在我們的問題和今年秋季入學有關。她們彼此非常親密，凡事都喜歡膩在一起。有的朋友說，她們上學後應該分開。我們擔心那會教她們兩人都不開心。我們到底應不應該敦促學校，讓她們上幼稚園時，安排在同一班呢？此外，是否能請你推薦一本有關教養雙胞胎的好書給我？

今日，大部分的人似乎相當強烈地認為，雙胞胎不應該穿相似的衣服、取相似的名字、或者經常膩在一起，應當儘量把每個雙胞胎，分別當成是一個獨立的個體來看待（即使我們心中的確有股想把他們塑造成更像雙胞胎的想法）。

因此，一般人認為，上學時最好把他們分開，要是他們想在放學後黏在一塊兒，那就隨他們去。但是，幼稚園可以例外。如果你的雙胞胎女兒是一對難以接受並適應新經驗的人，你會發現，不用讓他們面對彼此分開的問題，光是上學本身，就足以成為她們的問題了。

如果依據你的判斷，她們沒問題，一開始就把她們分開在不同的教室，也許很好。否則，你也許較希望她們上幼稚園時在一班，將來上一年級時才開始分開。不過，雙胞胎是同卵還是異卵雙胞胎，就有所差別。我們往往讓同卵雙胞胎留在一塊兒，直到他們自己準備好，能分開的時候（這可能要到三或四年級，甚至更高的年級）。然而，對於異卵雙胞胎，你越早把他們分開，可能越好。

至於談論雙胞胎的書，有一本不錯的書，就是赫伯特．柯利爾（Herbert Coller）的「雙胞胎心理學實用手冊」（The Psychology of Twins: A Practical Handbook）

故事十七：先上托兒所，日後對幼稚園就會沒興趣嗎？

親愛的醫生：

我想把我那個四歲大的長子送去托兒所。但是有人告訴我，如果我現在就讓他上托兒所，明年讀幼稚園時，他會沒有興趣，甚至上一年級時，他更會提不起勁來，到時，他將厭倦上學。你認為這種說法對嗎？能不能請你清楚地告訴我，幼稚園和托兒所有何不同？

幼稚園和托兒所是較自由的學習環境，兩者沒有什麼不同。就某種程度來說，就連所用的教材都可能大同小異。

真要說兩者有所不同的話，毋寧說是因為來註冊的孩子在年齡和能力上的差異。因此，需要為他們編排差別很大的課程。事實上，在托兒所，為不同年齡的班級所安排的活動本身，都有極大的不同。

因此，一樣是繪畫著色材料、黏土和積木，兩歲、三歲、四歲和五歲孩子的玩法都截然不同。學有專精的老師不但了解孩子的不同需要，必要時，還能立刻改變或修改教材。

一所學校最重要的是老師和學生。差不多任何合適的教材加上精熟的指導，都能使孩子在操作中感到滿足，並且能刺激他做得更好。另外，不論是托兒所還是幼稚園，對孩子還有一個重要的意義，那就是，滿足孩子想和同齡小朋友在一起的心理。

至於厭倦上學的危險，托兒所裏的豐富經驗，不大可能使孩子討厭上幼稚園。更何況，幼稚園裏有很多經驗跟以前完全不同，不同的地方不僅是因為所造設的情境不同，更是因為孩子本身就不一樣了。無論如何，對上學沒興趣，發生的原因很少是由於他太聰明，不適合他那個年級，或者是因為他早期上學的經驗太多。

故事十八：要不要讓他提早上學

親愛的醫生：

我的長子唐納現在四歲，他在十一月十三日就要過五歲生日了。而我們這裏的規定是，凡是今年十二月三十一日前滿五歲孩子，都可以在九月學校開學時入學，所以唐納有資格上幼稚園，而我也有權力判斷，要不要讓孩子提早上學。

外子因為自己以前就學太早，他知道如果孩子入學前，生理和心理都還沒有準備好的話，將來他的學校生活將會很慘。然而，朋友和親戚們都認為我們過度敏感、心理作祟，才會覺得有問題。

外子和我兩個人都寧可讓唐納明年才入學，不要現在就入學，以免將來留級了，不得不退學。但是，使我們猶豫不決的是，唐納的兩個最要好的朋友，依據預定日期就要被送進學校。我們擔心，他會因為落在朋友後面而傷心。

在我們看來，唐納似乎是個挺聰明的孩子，不過，就是個子小了一點，而且也不太成熟。外子和我對這整個問題都困惑透了，好像我們了解得越多，矛盾也就越多。

的確，是有許多矛盾。我們的看法是，十一月生的男孩在他過完五歲日之前，就準備在九月上幼稚園，他一定是個十分與眾不同的孩子。在我們眼中，以十二月做截止日期是不太理想的，除非在幼稚園裏面，能另外為較小或四歲半兒童開個班。我們認為理想的截止日期是九月一日或者更早一點。

你說你的先生親身體驗過，他知道太早開始是怎麼回事。他說得對，晚些開始總比早開始，後來又退學來得好。

當然，唐納的朋友如果比他早就學，會使他感到難過。不過，為了現在不傷害他的情緒，就把他送進一個他將來可能會不快樂或是表現得很差的環境中，將是個不智的決定。

第十章 結語

是的，四歲這個年齡實在是既狂野又美妙。我們希望你能盡情地享受這個年齡的樂趣，因為按照一般的成長過程，五歲又是大不相同了。

四歲是活力充沛的；五歲則是拘謹的。四歲考驗規矩；五歲遵守規矩。四歲樂於看看自己能走多遠；五歲則希望奉行你要他做的事情。

當你的孩子只有四歲時，你可能會看到很多「不對的」行為在那裏舞動著；當他五歲時，你卻又會感到奇怪，他是不是「太」乖了一點。

成長的韻律似乎和潮汐的漲落一樣，有它一定的規律，從穩定到不穩定；從奔放到約束。你對你的學齡前孩子除了有一分出於天性的愛心與情感之外，如果能對他的成長加上一分尊重，不但能替年幼的他增加無盡的歡樂，也會帶給自己無限的樂趣。

《附錄》適合四歲小孩的玩具

- ·動物玩具
- ·球
- ·籃子和盒子
- ·積木
- ·木板和鋸木架
- ·平衡和滑行用的木板
- ·簡單的拼圖遊戲
- ·書籍
- ·跳躍板
- ·油漆用的刷子
- ·大型的蠟筆
- ·碟子和烹調用品
- ·藥箱

- 娃娃床、推車、高椅子
- 娃娃屋
- 娃娃衣服（上面有鈕子和鈕釦孔）
- 洋娃娃
- 繪畫及著色材料
- 玩具照相機
- 玩具收銀機
- 有抽屜的櫃子和櫥子
- 黏土
- 可供攀爬的設施
- 扮演用的廚具
- 化妝箱（裏面有皮夾子、帽子、手套、圍巾、珠寶、鞋子等）
- 黑板架
- 畫架用的紙
- 手指畫
- 樂高玩具

・手電筒
・小型的園藝用品
・短柄小鎚子
・布袋偶
・空心木塊
・扮演用的家事玩具（包括掃帚、吸塵器、拖把）
・跳繩
・小桶子
・風箏
・木頭
・磁鐵
・樂器（像：手鈴、鼓、鈴鼓、響板、三角鈴等）
・拳擊用的沙包
・搖搖馬
・有輪子的溜冰鞋
・玩具帆船

・戲沙玩具（包括湯匙、杓子、桶子、罐子、篩子）
・沙包
・剪刀
・小機車
・剪貼簿
・大而堅固的箱子
・唱盤與唱片
・圓形、正方形、三角形等有色貼紙
・螺旋玩具
・蹺蹺板
・小型飛機、汽車、卡車、船、火車、三輪車、貨車等
・手提箱
・電話玩具

國家圖書館出版品預行編目資料

你的四歲孩子：狂野而美妙的年齡／Louise Bates Ames. Frances L. Ilg原著：許麗玉譯. --二版. --臺北市：信誼.1998〔民87〕

面： 公分

譯自：Your four-year-old: wild and wonderful

ISBN 957-642-478-X（平裝）

1.兒童心理學 2.學前教育

532.12 87009055

你的四歲孩子——狂野而美妙的年齡

原 著／YOUR FOUR-YEAR-OLD
—WILD AND WONDERFUL

原 著 者／Louise Bates Ames
Frances L.Ilg

譯 者／許麗玉

發 行 人／張杏如

總 編 輯／黃美湄

主 編／呂素美

文字編輯／翁秀梅、翁秀琴

發 行 者／信誼基金出版社
台北市重慶南路二段75號.電話（02）23965303

定 價／新台幣180元

總 代 理／上誼文化實業股份有限公司
台北市重慶南路二段75號11樓.電話（02）23913384

劃撥帳號／1042436-1 上誼文化實業股份有限公司

印 刷／中華彩色印刷股份有限公司
台北縣新店市寶橋路229號

出版日期／1998年7月二版一刷 2008年9月二版十刷
局版北市業字第184號

ISBN 957-642-478-x（平裝）

讀者服務/信誼・奇蜜親子網www.kimy.com.tw